lovely

ANNALISA COLAIANNI EVANGELISTI

lovely

Backen und Dekorieren mit Herz

Hölker Verlag

Inhalt

6
VORWORT

8
TIPPS UND TRICKS
FÜR SICHERES GELINGEN

10
Einfach & schnell

42
Romantik & Nostalgie

88
Rosenträume & Gartenzauber

118
Feste & Gäste

164
Chic & Lifestyle

188
KOPIERVORLAGEN

190
REGISTER

lovely

WIE DIE ENGLÄNDER CHARMANT SAGEN ...

Familie ist eine kleine Welt,
welche die Liebe kreiert hat.
Für meine Familie, meine nonna Venera
und nonna Carmela, ich liebe euch!

LIEBE IST EINE der wichtigsten Zutaten in der Küche – und natürlich im Leben. Backen und Kochen sind für mich ein richtiges Lebensgefühl und bedeuten Freude pur. Mit diesem Buch möchte ich Sie zum Backen und Dekorieren ermutigen, denn keine noch so kleine Küche (meine ist übrigens sehr klein) und kein noch so kleines Esszimmer sind zu klein, um Gäste zu empfangen und zusammen Spaß zu haben. Zum Backen brauchen Sie kein Meisterdiplom, denn die Fantasie ist die Königin und die Erfahrung macht den Koch. Mit einer Portion Lebensfreude, etwas Neugierde, einer Prise Liebe und natürlich ein bisschen Übung wird Ihnen jedes Gebäck gelingen.

Erwarten Sie auf den nächsten Seiten keine perfekten Kuchen und Kekse, sondern gehen Sie auf die Suche nach vielfältigen Inspirationen für Ihre nächsten Back- und Deko-Projekte. Perfektes Gebäck können Sie kaufen, aber – Hand aufs Herz – es wird Ihnen nie so viel Freude bereiten und so einmalig schmecken wie Selbstgemachtes.

Genuss fängt bei mir bereits beim Einkauf an. In meine Vorratskammer gehören nur „glückliche" Zutaten. Märkten, kleinen Geschäften und Hofläden in unserer Umgebung gebe ich bewusst den Vorzug. Ich lege sehr viel Wert auf saisonale, regionale und natürliche Zutaten. Ich hinterfrage immer, woher die Produkte stammen und wie sie verpackt sind. Tierische Produkte sind für mich wertvoll und verdienen meinen größten Respekt, auch wenn es „nur" um ein Ei geht. Artgerechte und glückliche Tierhaltung stehen für mich nicht zur Diskussion, sondern sind selbstverständlich, denn nur so entstehen die besten Backwaren mit dem besten Geschmack. Ich bin überzeugt davon, dass nur glückliche Zutaten ein glückliches Ergebnis bringen. Mein Credo: Man ist, was man isst!

Inspirationen schenken mir das Leben, der Alltag, Spaziergänge in der Natur und das Reisen in fremde Länder. Ganz besonders liebe ich Italien, England und Schweden, ich lasse mich aber gerne von Rezepten aus vielen verschiedenen Ländern inspirieren. Für dieses Buch habe ich mir Rezepte einfallen lassen, die zum Ersten schnell und alltagstauglich sind, zum Zweiten Kindheitserinnerungen wecken und zum Dritten durchaus etwas aufwendiger sind. Nehmen Sie sich bewusst Zeit, zu backen und Familie und Freunde mit Selbstgemachtem zu verwöhnen. Das Allerschönste daran: Essen verbindet Menschen! Selbstgebackenes wird für Glück im Bauch sorgen und ein Lächeln auf alle Gesichter zaubern.

Mein Motto: make life lovely. Um mich zu erholen und zu entspannen, brauche ich keinen Wellnessurlaub, sondern viele Backbleche, Kuchenformen, Ausstechförmchen, eine hübsche Kochschürze, tolle Musik (Musik inspiriert mich immer!) und natürlich viele glücklich machende Zutaten! Ich liebe das Backen, das Anrichten mit Blick fürs Detail, das Entwickeln neuer Dekoideen für die Tafel und letztlich das Fotografieren meiner Kreationen. Auch auf meinem Blog LISA LIBELLE teile ich mein leidenschaftliches Küchenglück mit der Welt.

Ich habe für lovely mit Enthusiasmus und Neugierde viele Rezepte ausprobiert. Ich freue mich, dies alles mit Ihnen teilen zu dürfen. Danke von Herzen, dass Sie dieses Buch gekauft haben, und danke auch dem kreativen Hölker Verlag und dem sehr netten Team, welches die Idee für die wahnsinnig spannende Zusammenarbeit für lovely hatte.

Natürlich wünsche ich Ihnen ein fröhliches Nachbacken und hoffe, dass Sie mit diesem Buch viel Freude und Glück empfinden werden, welche Sie mit Ihren Liebsten teilen können. Glück ist nicht abhängig von Luxus und von der Größe der Dinge. Glück entsteht im Kopf, sagte meine nonna (Oma) immer. Und mit einer Portion Fantasie kann man das empfundene Glück am besten zum Ausdruck bringen, die empfundene Zufriedenheit ausleben und hoffentlich alles dankbar mit Liebe genießen!

make life lovely

Ihre Annalisa Colaianni Evangelisti

Tipps und Tricks für sicheres Gelingen

FÜR DEN PERFEKTEN TEIG

HEFETEIG ist die Grundlage vieler beliebter Backwerke. Bei der Zubereitung sollten alle Zutaten zimmerwarm (aber nicht wärmer als 40 °C) sein. Ein Hefeteig sollte immer kräftig geknetet werden, bis er glatt und geschmeidig ist. Dann gehen lassen.

MÜRBETEIG basiert ebenfalls auf Handarbeit und sollte mit kalter Butter, die in Stücken zugefügt wird, und kaltem Wasser zubereitet werden (so wird der Teig knuspriger). Butter und Mehl zuerst mit den Fingern krümelig-mürb reiben, bis die Masse gleichmäßig fein ist, dann rasch zu einem Teig verarbeiten (je schneller Sie mit den Händen arbeiten, desto schöner wird er). In Frischhaltefolie gewickelt, gehört Mürbeteig mindestens 30 Minuten zum Ruhen in den Kühlschrank.

RÜHRTEIG wird mit zimmerwarmen Zutaten zubereitet. Zunächst Butter, Eier und Zucker in 5–10 Minuten schaumig rühren, bis die Masse hell ist und sich der Zucker auflöst. Dann Mehl und Backpulver mischen und zugeben, vorzugsweise sieben. Falls kein Backpulver zugegeben wird, sorgen allein die Eier für das Aufgehen des Teigs und seine lockere Konsistenz – das funktioniert auch. Das Geheimnis eines guten Rührteigs ist, dass alle Zutaten gründlich und geduldig verrührt werden. Beim Backen am besten immer eine Stäbchenprobe machen. Wenn kein Teig mehr am Holzstäbchen klebt, ist der Kuchen durchgebacken.

NUR DIE BESTEN ZUTATEN

Teig und Gebäck färbe ich bevorzugt mit NATÜRLICHEN LEBENSMITTELFARBEN ein. In Reformhäusern oder im Bioladen werden Sie sicher fündig.

Sehr oft verwende ich beim Backen BRAUNEN ZUCKER. Brauner Zucker schmeckt anders, nämlich leicht karamellartig. Sein Aroma passt besonders gut zu Nüssen und Obst.

Ich greife immer auf SELBST GEMACHTEN AROMAZUCKER zurück. Auf Seite 12 finden Sie einige Rezepte, mit denen Sie Aromazucker auf Vorrat selbst herstellen können. Ca. 2 Teelöffel Vanillezucker aus dem Vorratsglas entsprechen 1 Päckchen Vanillezucker (8 g). Aus Aromazucker können Sie mit einem Blender oder einer Küchenmaschine auch Puderzucker herstellen.

Es ist am einfachsten, gewisse Zutaten zum Backen fertig einzukaufen. Jedoch möchte ich Sie mit meinem Buch animieren, einige Zutaten selbst herzustellen. Zum einen sind sie gesünder, zum anderen macht ihre Zubereitung Spaß! Haben Sie einen Garten oder eine Terrasse? Dann schaffen Sie sich eine kleine Oase mit Beeren, Kräutern, essbaren Blumen … Daraus können Sie Sirups, Marmeladen, kandierte Blüten, Früchtekompotte, Blütenpfeffer, Blüteneiswürfel und was das Herz sonst noch begehrt herstellen.

AUCH NOCH GUT ZU WISSEN …

SAHNE SCHLAGEN: Kleine Sahneportionen lassen sich auch ohne Handrührgerät schnell und leicht schlagen. Klappt mit einem Schüttelbecher.

MANDELN SELBST SCHÄLEN: Mandeln kurz in siedendes Wasser geben, herausnehmen, abtropfen lassen und anschließend aus der Schale drücken.

HASELNÜSSE SELBST SCHÄLEN: Nüsse im Backofen bei 180 °C ca. 10 Minuten auf einem Backblech hellbraun rösten, dann die Schale zwischen den Händen oder mithilfe eines sauberen Geschirrtuchs abreiben.

MANDELN, HASELNÜSSE UND CO. ZERKLEINERN: Nüsse zwischen zwei Lagen Backpapier legen oder in eine Plastiktüte füllen, mit einer Teigrolle darüberrollen und so zerkleinern.

STANDFESTE RÜHRSCHÜSSEL: Wenn die Schüssel während des Rührens rutscht, legen Sie einen feuchten Lappen darunter.

GRÖSSE DER PLÄTZCHEN UND KUCHEN: Die angegebene Größe der Plätzchen und Küchlein können Sie natürlich nach Belieben variieren, sodass sich die Stückzahl ändert und Sie mehr oder weniger Plätzchen aus dem Teig erhalten. Beachten Sie bitte, dass sich dann die Backzeit verkürzt oder verlängert. Machen Sie bei Kuchen zur Sicherheit immer eine Stäbchenprobe.

Einfach & schnell

Es muss nicht immer eine Torte wie aus dem Bilderbuch sein. Feiern Sie das Leben mit unkomplizierten Rezepten, denn auch Schlichtes und Improvisiertes kann köstlich sein. Ich liebe es, im Alltag den Charme des Einfachen zu genießen und Rezepte mit Zutaten auszuprobieren, die man zu Hause hat. Unverzichtbar dabei: 1 Portion Liebe, 1 Prise Lebensfreude und viel Fantasie.

Alles, was natürlich ist und selbst hergestellt werden kann, finde ich toll. Grundsätzlich verwende ich beim Backen, zum Verfeinern von Rührteigen, Cremes und Sahne, für Tees und vieles mehr nur selbst gemachte Aromazucker. Sie sind sehr schnell hergestellt und auch als Geschenk aus der Küche, schön verpackt mit einem Etikett, eine willkommene Überraschung.

Aromazucker
SELBST GEMACHT

FÜR JEWEILS 100 G

Für den Vanillezucker:
1 Vanilleschote
100 g Zucker

Für den Rosenzucker:
ca. 12 kleine getrocknete Rosenknospen (Reformhaus oder unbehandelte aus dem eigenen Garten)
100 g Zucker

Für den Zitronen- oder Orangenzucker:
Abrieb von 1 kleinen Bio-Zitrone oder -Orange
100 g Zucker

Für den Lavendelzucker:
2 TL Lavendelblüten (je nach gewünschter Intensität, Lavendel hat ein sehr starkes Aroma)
100 g Zucker

Für den Zimtzucker:
1 EL Zimt
100 g brauner Zucker
1 Zimtstange

Für den Vanillezucker Vanilleschote längs aufschneiden. Ausgekratzte Schote in Stücke schneiden und mit Zucker mischen (Mark wird hier nicht benötigt). In ein Einmachglas füllen, gut schütteln und 2–3 Wochen ziehen lassen. Zucker kann jederzeit nachgefüllt werden, solange die Schoten genügend Aroma abgeben. (Das kann über mehrere Monate sein. Zwischendurch das Glas schütteln.) Und wenn beim Backen eine ausgekratzte Vanilleschote übrig bleibt, diese einfach dazugeben. Beim Backen entsprechen 2 TL selbst gemachter Vanillezucker einem Päckchen.

Für den Rosenzucker Blütenblätter abzupfen, in einem Mörser fein zerkleinern und mit dem Zucker mischen. In ein Einmachglas füllen, gut schütteln und 2–3 Wochen ziehen lassen.

Für den Zitronen- oder Orangenzucker Abrieb mit Zucker mischen. Einige Tage ziehen lassen und danach in ein Einmachglas füllen. Wenn der Zucker wegen der Feuchtigkeit in dem Schalenabrieb etwas verklumpt, einfach kräftig schütteln oder mit einer Gabel glatt rühren.

Für den Lavendelzucker Blüten in einem Mörser zerreiben (herrlich, dieser Duft!) und mit Zucker mischen. In ein Einmachglas füllen und 1–2 Wochen ziehen lassen.

Für den Zimtzucker Zimt und Zucker mischen. Mit der Zimtstange in ein Einmachglas füllen und kräftig schütteln. Zimtzucker ist sofort verwendbar und schmeckt besonders gut in Kombination mit Schokolade.

➥ **MEINE TIPPS:** Die Einmachgläser müssen luftdicht verschließbar sein. Vor dem Füllen sorgfältig reinigen und trocknen. Keine gespritzten und behandelten Blüten und Früchte verwenden. Im Bioladen, Reformhaus oder eigenen Garten werden Sie bestimmt fündig. Aus Aromazucker lässt sich mithilfe eines Blenders oder einer Küchenmaschine Puderzucker herstellen.

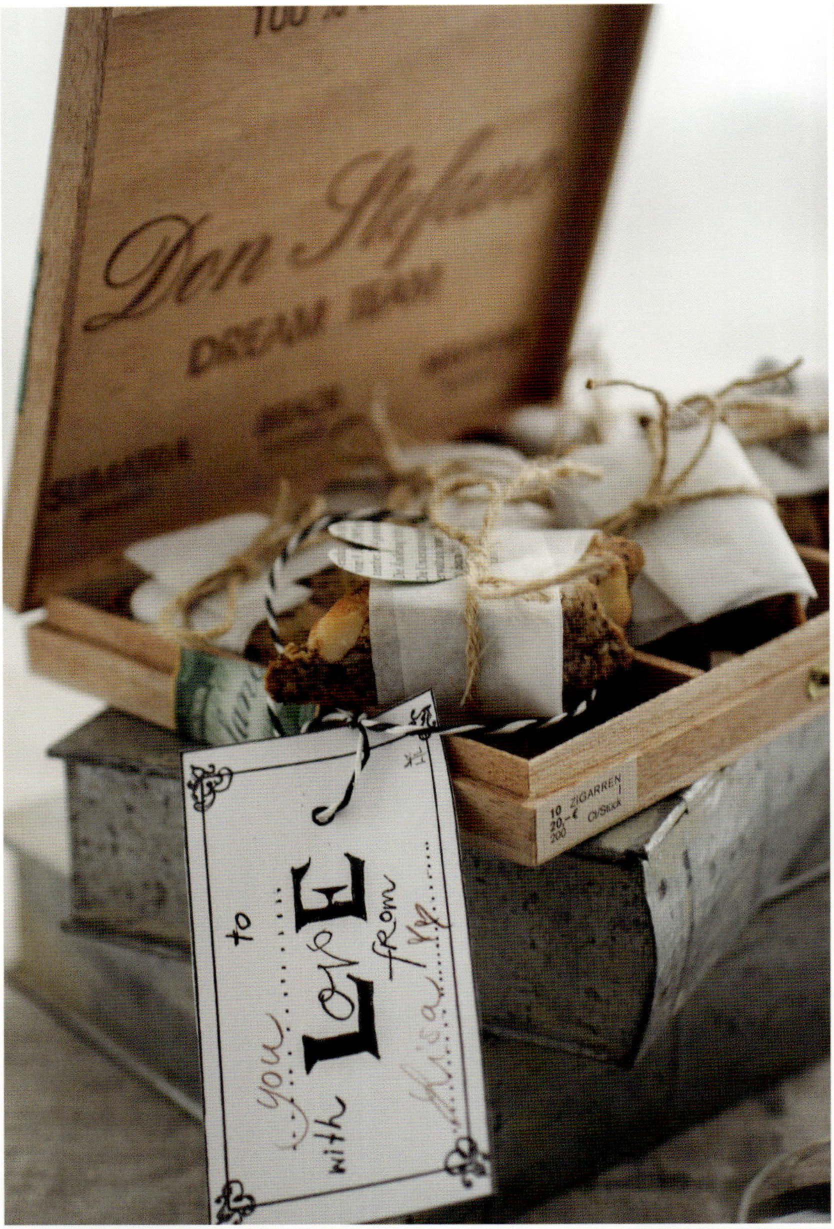
DREAM
to
you
with
LOVE
from
ZIGARREN

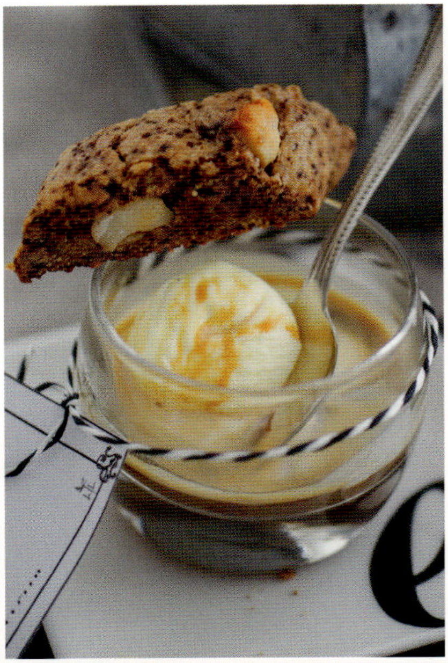

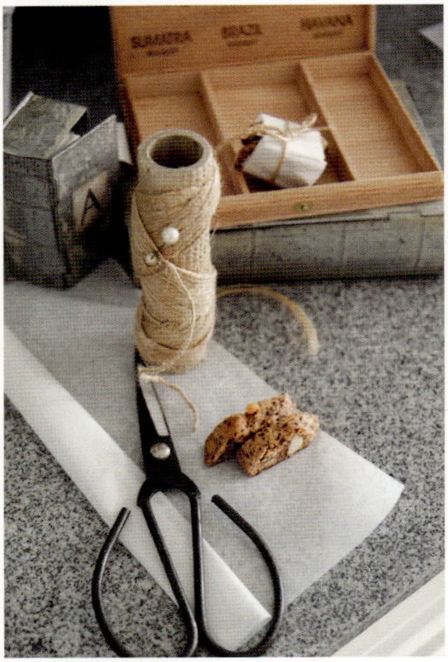
SUMATRA
BRAZIL
HAVANA

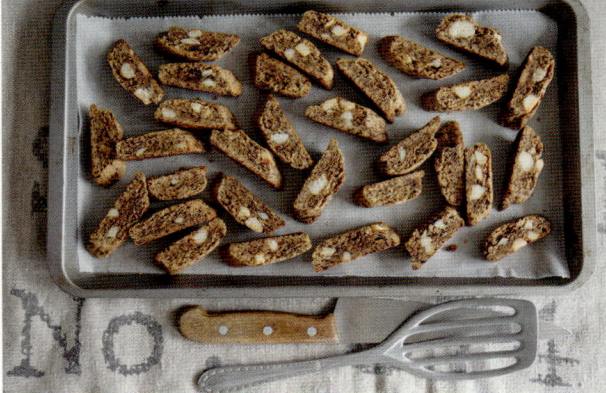

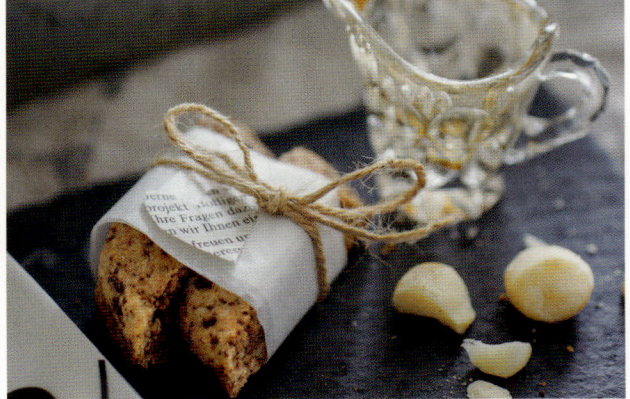

Ich liebe Affogato, diese typisch italienische Nachspeise. Ein Zusammenspiel aus köstlichem Espresso und Vanilleeis, in der das Eis in dem starken Kaffee „ertrinkt". Sie brauchen nur Eis und einige Stracciatella-Macadamia-Cantucci, die ich persönlich am liebsten dazu serviere, auf Vorrat. So sind Sie bestens vorbereitet, wenn spontan Besuch vor der Tür steht.

Affogato al caffè
MIT STRACCIATELLA-MACADAMIA-CANTUCCI

FÜR CA. 50 CANTUCCI UND 4 PORTIONEN AFFOGATO

Für die Cantucci:
200 g brauner Zucker
2 Eier
300 g Mehl
110 g kalte Butter, in Stücken
6 EL Schokoladenraspel
150 g Macadamianüsse

Für den Affogato:
4 kleine Kugeln Vanilleeis
4 starke Espresso

Außerdem:
Mehl zum Verarbeiten

Für die Cantucci den Backofen auf 190 °C vorheizen, Backblech mit Backpapier auslegen. Zucker und Eier in einer Schüssel schaumig schlagen. Mehl, Butter und Schokoladenraspel zufügen und so lange kneten, bis der Teig glatt und geschmeidig ist. Macadamianüsse grob hacken, unterheben und den Teig auf einer leicht bemehlten Arbeitsfläche zu drei Laiben (je 5–6 cm Breite) formen. 20 Min. backen, herausnehmen und 5 Min. abkühlen lassen. Ofentemperatur auf 150 °C reduzieren. Die Laibe mit einem scharfen Messer in 2 cm dicke Stücke schneiden und diese nochmals ca. 15 Min. backen. Ofen ausschalten und die Cantucci weitere 15 Min. bei geschlossener Tür ruhen lassen.

Je eine Kugel Vanilleeis in vier kleine Tassen oder Gläser geben. Espressos frisch zubereiten und heiß über das Eis gießen. Affogato mit den Cantucci servieren.

➡ **MEINE TIPPS:** Cantucci sind schnell gebacken und lassen sich einige Tage im Voraus zubereiten. In einer Keksdose halten sie sich mehrere Wochen. Blonde Cantuccini mit gerösteten Mandeln (s. S. 80) sind ebenfalls sehr schmackhaft. Der Affogato kann nach Belieben mit Kakaopulver oder geschmolzener Schokolade verfeinert werden.

MEINE IDEE: Cantucci-Geschenkverpackung

💗 Sie brauchen: Zeitungen, Schere, Butterbrotpapier, Schnur, ausgediente Schachtel (z. B. Zigarrenbox), Schildchen *with love* (Vorlage s. S. 188)

💗 So wird's gemacht: Aus den Zeitungen kleine Herzen schneiden. Butterbrotpapier in Streifen schneiden. Zwei Cantucci einwickeln, Papierenden zusammenfalten, mit Schnur zu einem Päckchen binden. Päckchen mit Papierherzen dekorieren und in die Box legen. An die Box das Schildchen *with love* schnüren und individuell beschriften.

Diese Tartelettes sind eine köstliche Angelegenheit für zwischendurch oder bieten sich als lauwarme Nachspeise an. Sie sind schnell gemacht und können auch bestens im Vorfeld vorbereitet und bis zum Backen im Kühlschrank aufbewahrt werden. Wenn Sie keine frischen Feigen bekommen, können Sie als Belag einfach Ihre saisonale Lieblingsfrucht verwenden.

Feigen-Tartelettes
MIT FRISCHKÄSE UND HONIG

FÜR 6 TARTELETTES
1 Rolle Blätterteig (Kühlregal)

Für den Belag:
5–6 kleine Feigen
150–180 g Doppelrahmfrischkäse
6 TL Blütenhonig
Pfeffer aus der Mühle

Außerdem:
Kaffeesahne zum Bestreichen
1–2 EL Mohnsamen

Den Backofen auf 220 °C vorheizen. Feigen in Scheiben schneiden. Blätterteig in sechs gleich große Stücke schneiden und auf ein mit Backpapier ausgelegtes Backblech legen. Mit Feigenscheiben belegen und dann je 2–3 Kleckse Frischkäse daraufgeben. Blütenhonig darauftröufeln und mit etwas Pfeffer abschmecken. (Der Pfeffer macht die Tartelettes leicht pikant und ist eine wunderbare Ergänzung zu Honig und Feigen.)

Blätterteigränder mit einer Gabel leicht eindrücken, sodass eine Verzierung entsteht, dann mit Kaffeesahne bestreichen. Tartelettes vor dem Backen mit Mohnsamen bestreuen, 10–15 Min. goldbraun backen, herausnehmen und am besten noch lauwarm genießen.

➡ **MEIN TIPP:** Wenn Sie die Tartelettes kleiner backen, sodass ca. 12 Stück entstehen, und noch warm mit einer Kugel Joghurteis servieren, ist das ein toller Nachtisch.

Aquamarin (oder auch Türkis) ist die Farbe des Meeres und der Frische. Erfrischend wie eine leichte Meeresbrise ist auch der Geschmack dieser köstlichen Creme. Der sahnige Joghurt, kombiniert mit Pfefferminzaroma und serviert mit selbst gemachten Butterkeksen und Kokospralinen, ist eine wahre Gaumenfreude.

Minzcreme
MIT BUTTERKEKSEN UND KOKOSPRALINEN

FÜR CA. 50 BUTTERKEKSE UND 4 PORTIONEN MINZCREME

Für die Butterkekse:
320 g Mehl
1 Prise Salz
120 g brauner Zucker
190 g kalte Butter, in Stücken
1 Ei
2 Eigelb

Für die Creme:
600 g griechischer Joghurt
4 EL Puderzucker
1–2 EL Pfefferminzsirup
2 EL Kokosflocken
etwas Lebensmittelfarbe (z. B. Blau)

Außerdem:
Mehl zum Verarbeiten
Ausstechform und Stempel für die Kekse
4 Kokospralinen (selbst gemacht s. S. 169 oder gekauft) und Minzblättchen zum Garnieren

Für die Butterkekse Mehl, Salz und Zucker mischen. Butter zugeben und die Masse mit den Händen krümelig reiben. Ei und Eigelbe zufügen und alles zu einem glatten Teig verkneten. In Frischhaltefolie wickeln und mind. 30 Min. kalt stellen.

Den Backofen auf 180 °C vorheizen, zwei Backbleche mit Backpapier auslegen. Teig auf der bemehlten Arbeitsfläche mit einer Teigrolle ca. 5 mm dick ausrollen. Plätzchen ausstechen, nach Wunsch mit einem Stempel prägen und auf die Backbleche legen. Nacheinander ca. 11 Min. backen, die Kekse sollten nicht zu braun werden. Herausnehmen und abkühlen lassen.

Für die Minzcreme Joghurt mit Puderzucker glatt rühren. Sirup unterrühren, anschließend Kokosflocken und einige Tropfen Lebensmittelfarbe zugeben, bis die gewünschte Farbe erreicht ist. Creme auf vier Gläser verteilen, mind. 1 Std. kühl stellen. Vor dem Servieren mit je 1 Butterkeks, 1 Kokospraline und Minze garnieren. Und dann mit allen Sinnen genießen und vom nächsten Urlaub am Meer träumen!

➞ **MEIN TIPP:** Butterkekse in geschmolzene Zartbitterschokolade tauchen – schmeckt traumhaft!

MEINE IDEE: Bunte Tischläufer

♥ Ihre Lieblingstapete sieht nicht nur an der Wand schön aus. Tapetenreste können z. B. auch als Tischläufer eingesetzt werden. Frische Minze, in einem Strauß Rosen arrangiert, sieht dazu entzückend aus, Perlen und Muscheln runden die Deko ab.

Kennen Sie das? Spontaner Besuch hat sich angekündigt. Aus diesem Grund hortet mein Tiefkühlfach immer ein saisonales Eistörtchen. Man weiß ja nie … und wenn der Besuch doch nicht kommt, dann genießen mein Mann und ich die Köstlichkeit zu zweit.

Maronenparfait
MIT GLASIERTEN MARONEN

FÜR 1 KASTENFORM (18 CM)
Für das Parfait:
2 Eigelb
3 EL brauner Zucker
220 g Maronenpüree (Fertigprodukt)
30 g Zartbitterschokolade
150 ml Sahne
2 Eiweiß
1 Prise Salz
1 EL Puderzucker
ca. 14 Butterkekse (selbst gemacht s. S. 19 oder gekauft)

Für die glasierten Maronen:
15 ml Portwein
25 g brauner Zucker
100 g Maronen, geschält
50 g kalte Butter

Außerdem:
Öl für die Form

Für das Parfait Form einfetten und mit Frischhaltefolie auslegen. Eigelbe mit Zucker schaumig schlagen, bis die Masse schön hell ist. In einer zweiten Schüssel Maronenpüree mit einer Gabel zerdrücken, Schokolade würfeln und zufügen, dann alles mit der Eier-Zucker-Masse mischen.

Sahne steif schlagen und beiseitestellen. Eiweiße mit Salz steif schlagen, Puderzucker zufügen und weiterschlagen, bis die Masse glänzt. Sahne und Eischnee sorgfältig unter die Maronenmasse heben und in die Form füllen. Butterkekse zerbröseln (dies gelingt am besten, wenn man sie in einen Gefrierbeutel füllt und mit einer Teigrolle darüberrollt), auf der Masse verteilen und mit der Hand leicht andrücken. Parfait mind. 3 Std. gefrieren lassen.

Für die glasierten Maronen 15 ml Wasser mit dem Portwein mischen. Zucker in einer Pfanne bei mittlerer Hitze schmelzen und mit der Wasser-Portwein-Mischung ablöschen (am besten einen Topfdeckel zur Hand haben). Maronen zufügen und in 3–4 Min. erwärmen. Anschließend die Butter zufügen und die Maronen einkochen und glasieren. Bei geringer Hitze zugedeckt ca. 20 Min. kochen, bis sie weich sind. Gelegentlich umrühren.

Parfait aus dem Tiefkühlfach holen und ca. 10 Min. antauen lassen. Aus der Form stürzen und mit den lauwarmen glasierten Maronen servieren. Dazu passt ein Gläschen Portwein.

Verbinden Sie Kokosnüsse und den intensiven Geschmack von frischer Kokosmilch auch mit Sommer, Sonne und Urlaub? Kokosmilch schmeckt fruchtig-nussig und ist vor allem aus der asiatischen Küche nicht wegzudenken – durch ihren Einsatz kommt dieses Rezept ganz ohne tierische Produkte aus und ist vegan.

Warme Kokosmilch
MIT BABY-BANANEN

FÜR 4 PORTIONEN
500 ml Kokosmilch
150 g Zucker
1 TL Salz
10 Baby-Bananen
(alternativ 3 Bananen)

Außerdem:
Baby-Bananen und Blüten
zum Garnieren

Kokosmilch in einem Topf bei mittlerer Hitze kurz aufkochen. Zucker und Salz zufügen, gründlich rühren. Bananen schälen, in Stücke schneiden und zufügen, alles bei geringer Hitze kurz köcheln lassen und danach auf Schälchen verteilen (oder, wenn vorhanden, auf ausgehöhlte Kokosnussschalenhälften). Mit Bananen und exotischen Blüten garnieren.

➙ **MEIN TIPP:** Kokosmilch kann auch kalt serviert werden, dazu passt eine Kugel Kokosnusseis. Lecker schmecken dazu exotische Macarons mit Orange-Ingwer-Geschmack (s. S. 55).

Amaretti erinnern mich an Italienurlaub. Es gab sie oft bei Verwandten, als ich klein war, und ich finde sie allein wegen der Verpackung attraktiv. Sie werden einzeln in eine Art Seidenpapier eingewickelt, das oft mit schönen nostalgischen Schriften oder Symbolen bedruckt ist. Die Verpackung können Sie nach Lust und Laune selbst kreieren. Ob mit eigenem Logo, Lieblingsgrafiken oder mit verspielten Sujets verziert – Ihre Gäste werden begeistert sein.

Amaretti
ITALIENISCHES MANDELGEBÄCK

FÜR CA. 20 AMARETTI
220 g Puderzucker
220 g gemahlene Mandeln
2 Eiweiß
1 Prise Salz
2 cl Amaretto

Außerdem:
Puderzucker zum Bestäuben

Den Backofen auf 180°C vorheizen und ein Backblech mit Backpapier auslegen. Puderzucker sieben und mit den Mandeln, Eiweißen, Salz und Amaretto mit den Rührbesen des Handrührgeräts verrühren. Mit angefeuchteten Händen aus dem Teig Kugeln formen und auf das Blech legen. Amaretti ca. 20 Min. backen, herausnehmen und gut abkühlen lassen. Mit Puderzucker bestäuben und nach Belieben verpacken.

➺ **MEIN TIPP:** Wenn Sie die Amaretti mit geschälten gemahlenen Mandeln backen, erhalten sie eine besonders helle Farbe.

MEINE IDEE: Feine Amaretti-Verpackung

♥ Sie brauchen: Bleistift, Lineal, Seidenpapier, Schere, Bastelschere mit Zierrand oder Stanze, Stempel, Stempelkissen

♥ So wird's gemacht: Größe der Verpackung definieren und mithilfe von Bleistift und Lineal die Schnittlinien auf das Seidenpapier zeichnen. Zuschneiden. Links und rechts mit einer Verzierschere oder Stanze Bordüren anbringen. Seidenpapierquadrate nach Belieben stempeln (Tinte gut trocknen lassen). Anschließend Amaretti in das Papier eindrehen.

Ob kleine oder große Cornets, ob mit weißer oder dunkler Schokolade glasiert, bei diesem Rezept können Sie munter experimentieren. Wenn Sie Hörnchen lieber herzhaft mögen, finden Sie in diesem Buch auch dafür ein leckeres Rezept (s. S. 40).

Gefüllte Cornets
MIT VANILLEBRANDY- UND KAFFEECREME

FÜR 6–7 CORNETS
1 Rolle Blätterteig (Kühlregal)
1 Eigelb

Für die Füllung:
4 EL Mehl
400 ml Milch
100 ml Sahne
4 Eigelb
4 EL Zucker
1 Pck. Vanillezucker
2 cl Brandy
1 TL Instant-Kaffeepulver

Für die Garnitur:
100 g Zartbitterschokolade
2 EL Haselnusskrokant oder 2 EL Zuckerperlen

Außerdem:
Hörnchenformen aus Edelstahl
Öl für die Formen
Puderzucker zum Bestäuben

Hörnchenformen mit Öl bepinseln, beiseitestellen. Kalten Blätterteig flach auslegen, ca. 3 cm breite Teigstreifen schneiden und diese spiralförmig, leicht überlappend um die Formen wickeln, Spitze etwas zusammendrücken. Formen ca. 30 Min. senkrecht in den Kühlschrank stellen.

Den Backofen auf 200 °C vorheizen, Backblech mit Backpapier auslegen. Eigelb mit 1 EL Wasser verquirlen. Cornets damit bestreichen, senkrecht auf das Blech stellen und 15–20 Min. goldbraun backen. Abkühlen lassen und anschließend vorsichtig die Formen herausdrehen.

Für die Füllung Mehl sieben. Milch und Sahne in einem Topf leicht erwärmen. Eigelbe, Zucker, Vanillezucker und Mehl verrühren. ⅓ der lauwarmen Milch-Sahne-Mischung zufügen, kräftig rühren und die Masse dann zu der restlichen Mischung in den Topf gießen. Bei mittlerer Hitze unter ständigem Rühren zum Kochen bringen. Sobald die Creme kocht, weitere 2 Min. bei niedriger Hitze köcheln lassen, bis sie angedickt ist (zum Füllen der Cornets sollte die Creme nicht zu flüssig sein). In zwei Schüsseln verteilen und in eine Hälfte Brandy, in die andere Kaffeepulver einrühren. Mit Frischhaltefolie abdecken, abkühlen lassen und anschließend mind. 2 Std. kühl stellen.

Schokolade über dem Wasserbad schmelzen, die Cornets hineintauchen, mit Krokant oder Zuckerperlen bestreuen und trocknen lassen. Cremes mit einem Spritzbeutel mit gezackter Lochtülle in die Cornets füllen, diese mit Puderzucker bestäuben.

➞ **MEIN TIPP:** Hörnchenformen aus Edelstahl sind im Fachhandel erhältlich. Eine Alternative ist, die Formen aus festem Papier zu basteln. Einfach zu Kegeln rollen, mit Büroklammern fixieren und mit Alufolie umwickeln. Alufolie wie die Formen mit Öl bepinseln.

Die süßen Salzbrezeln sind schnell gemacht und kommen garantiert immer gut an. In einem schönen Glas verpackt, sind sie ein tolles Geschenk für Ihre Liebsten. Die Brezeln können auch einzeln verwendet werden, um kleine Geschenke zu verschönern.

Zuckersüße Salzbrezeln
MIT SCHOKOLADE UND STREUSELN

FÜR 15 BREZELN
50 g weiße Kuvertüre oder Kuchenglasur
1 TL Sahne
15 Salzbrezeln
Zuckerstreusel (z. B. Herzen, Mini-Perlen)

In einem Topf die Kuvertüre mit der Sahne schmelzen. Sobald eine cremige Konsistenz erreicht ist, die Salzbrezeln ungefähr bis zur Hälfte in die Schokolade tauchen und sofort mit Zuckerstreuseln bestreuen. Entweder auf Backpapier oder nach Möglichkeit hängend gut trocknen lassen und dann genießen oder mit Herz verschenken.

MEINE IDEE: Salzbrezeln als Mitbringsel

♥ Sie brauchen: Zuckersüße Salzbrezeln zum Befüllen + eine zum Verzieren, Einmachglas, Dekoband (z. B. aus Satin), Schere

♥ So wird's gemacht: Salzbrezeln in das Glas füllen. Glas verschließen, mit Dekoband umwickeln, zum Schluss einen einfachen Knoten machen. Eine Salzbrezel einfädeln und vorsichtig eine schöne Schlaufe binden, damit die Salzbrezel nicht zerbricht.

Bei diesem Tête-à-Tête trifft fluffige Sahne im Glas auf weiches Biskuit aus Möhren und Mandeln. Schmeckt himmlisch und ist so zart wie ein romantischer Kuss.

Möhrenküchlein
IM GLAS

FÜR 2 PORTIONEN
Für das Biskuit:
60 g Möhren
1 Eigelb
35 g brauner Rohrzucker
2 Msp. Salz
Abrieb von ¼ Bio-Zitrone
20 g Mehl
1 Msp. Backpulver
60 g gemahlene Mandeln
1 Eiweiß

Für die Creme:
100 ml Sahne
1 Pck. Vanillezucker
3 EL Mandelblättchen

Außerdem:
Butter für die Form
Puderzucker zum Bestäuben
junge Möhren mit Grün
zum Garnieren

Den Backofen auf 180 °C vorheizen. Möhren schälen, fein raspeln und beiseitestellen. Eigelb, Zucker und 1 Msp. Salz schaumig rühren. 1 EL Wasser und Zitronenabrieb zufügen. Mehl und Backpulver mischen, sieben, zugeben und alles mit einem Löffel gründlich verrühren. Mandeln mit den geraspelten Möhren mischen und unter die Masse rühren. Eiweiß mit 1 Msp. Salz steif schlagen und anschließend ebenfalls sorgfältig unterheben.

Rechteckige Tarteform (17 x 8 cm) einfetten und Teig hineinfüllen, im heißen Ofen 25–30 Min. backen. Der Kuchen sollte nicht zu trocken sein, sondern feucht bleiben. Herausnehmen, auf einem Kuchengitter abkühlen lassen und vorsichtig aus der Form lösen.

Sahne mit Vanillezucker steif schlagen und kühl stellen. Biskuit mit einem großen scharfen Messer einmal waagerecht durchschneiden. Mithilfe eines Trinkglases vier Kreise ausstechen (beim Ausstechen der Kreise nicht den ganzen Biskuitboden in Anspruch nehmen, später werden aus den Biskuitresten noch Verzierungen ausgestochen).

Sahne aus dem Kühlschrank nehmen. In jedes Glas einen Biskuitkreis legen, dann mit je 1 EL Sahne bestreichen, danach mit je 1 EL Mandelblättchen bestreuen und nochmals mit einer zweiten Schicht Biskuit und Sahne belegen. Anschließend mit einigen Mandelblättchen und Biskuitbröseln verzieren.

Aus den Biskuitresten Formen ausstechen, z. B. Häschen. Mit Puderzucker bestäuben. Küchlein im Glas mit den Biskuitkeksen und kleinen Möhren auf einem Teller anrichten. Kerze anzünden und Tête-à-Tête genießen.

Himmlisch luftige Schoko-Baiser-Küsse, die schnell zubereitet sind. Diese Kekse können in verschiedenen Formen gebacken und mit unterschiedlichen köstlichen Füllungen gefüllt werden und passen auch hervorragend als Garnitur zu Eis- und Cremevariationen. Hier mein Geheimfavorit.

Schoko-Baiser-Kekse
MIT SAFTIGER BEERENMARMELADE

FÜR 30 DOPPELKEKSE
4 Eiweiß
250 g Puderzucker
100 g Schokoraspel

Außerdem:
200 g Beerenmarmelade (selbst gemacht s. S. 102 oder gekauft)

Den Backofen auf 160 °C vorheizen, Backblech mit Backpapier auslegen. Eiweiße mit den Rührbesen des Handrührgeräts steif schlagen und nach und nach den Puderzucker einrieseln lassen. Schokoraspel vorsichtig unter die Masse heben. Eiweißmasse entweder in einen Spritzbeutel mit mittelgroßer Lochtülle füllen und 60 kleine Häufchen (Ø 2 cm) auf das Blech spritzen oder mit einem Teelöffel 60 kleine Häufchen formen. Ca. 20 Min. backen.

Herausnehmen und auf einem Kuchengitter abkühlen lassen. Die Hälfte der Kekse mit je 1 TL Marmelade bestreichen, die anderen Kekse darauflegen, gut andrücken und fertig sind die Doppelkekse!

Wenn es im Haus nach Karamell riecht, habe ich sofort gute Laune. Es ist wunderbar, wie Düfte unsere Sinne blitzschnell beeinflussen können. Wenn Zuckerkaramell mit feinen Mandelblättchen schmilzt, dann habe ich nicht nur gute Laune, sondern mir läuft auch das Wasser im Mund zusammen. Mandelkrokant schmeckt pur, passt aber auch perfekt zu Cremes und Nachspeisen.

Mandelkrokant
SELBST GEMACHT

FÜR CA. 20 STÜCKE (4 X 4 CM)
125 g Zucker
100 g Mandelblättchen

Außerdem:
Öl für den Bratenwender

Zucker in einer beschichteten Pfanne bei mittlerer Hitze langsam karamellisieren lassen. Sobald er goldgelb ist, vom Herd nehmen. Mandelblättchen zufügen und umrühren. Mandelkrokant auf ein mit Backpapier ausgelegtes Blech gießen und mit einem eingefetteten Bratenwender flach streichen. Abkühlen lassen und vor dem Servieren in beliebig große Stücke brechen.

Gäste freuen sich immer über kleine Aufmerksamkeiten. Die Zuckerherzen für Tee, Kaffee & Co. sind schnell gemacht und zieren dann gerne meine Zuckerdosen. Eigentlich sind allerhand Formen machbar, ich selber liebe Herzchen in zartem Rosé mit einer Rosennote.

Zuckerherzen
MIT ROSENWASSER

FÜR CA. 10 HERZEN
100 g feiner Zucker
½ EL Rosenwasser
etwas Lebensmittelfarbe (z. B. Rot)

Für die Beschriftung (optional, sie sehen auch ohne schön aus):
Zuckerpaste in der Tube
Zuckerperlen

Außerdem:
Eiswürfel- oder Pralinenformen aus Silikon

Zucker in eine Schüssel füllen. ½ EL Wasser, Rosenwasser und nach Belieben Lebensmittelfarbe zufügen. Achtung, falls Sie flüssige Lebensmittelfarbe verwenden, die Wassermenge reduzieren oder etwas mehr Zucker nehmen, ansonsten wird die Zuckermasse zu feucht. Alles gut mischen. Darauf achten, dass die Masse weder zu nass noch zu trocken ist, sonst halten die Herzen später nicht zusammen.

Feuchte Zuckermasse leicht in die Förmchen drücken, einige Min. warten und dann auf ein mit Backpapier ausgelegtes Blech legen. Die Herzen mind. 24 Std. an der Luft trocknen lassen. (Ich lasse sie oft ca. 2 Tage lang trocknen, sicher ist sicher.) Wenn sie getrocknet sind, können Sie sie nach Belieben mit Schriften, Initialen oder was Ihnen gefällt verzieren. Oder Sie bringen mithilfe von Zuckerpaste Zuckerperlen auf den Herzen an.

➤ **MEIN TIPP:** Die Zuckerherzen sind ein tolles Mitbringsel. Schön verpackt, in Tüten oder Gläsern, sind sie garantiert ein zuckersüßes Geschenk.

MEINE IDEE: Zuckerverzierung

♥ Sie brauchen: Backpapier, schwarzen Stift, 50 g Zucker, 2 EL Wasser, Teelöffel, Holzspieß

♥ So wird's gemacht: Zeichnen Sie auf die nicht beschichtete Seite eines Stücks Backpapier mit einem schwarzen Stift das gewünschte Motiv. Backpapier umdrehen und auf ein Backblech legen. Zucker und Wasser in einen kleinen Topf geben und unter stetigem Rühren zum Kochen bringen, bis der Zucker goldgelb karamellisiert (im ganzem Haus wird es herrlich riechen). Wichtig ist, dass der Zucker sehr langsam bei mittlerer Hitze karamellisiert, damit er nicht verbrennt. Topf vom Herd nehmen und ca. 1 Min. stehen lassen, bis das Karamell dickflüssig wird. Die Masse mithilfe eines Teelöffels und Holzspießes auf das Papier träufeln und das Motiv nachzeichnen. Trocknen lassen, bis die Masse komplett fest ist, dann sehr vorsichtig vom Backpapier lösen.

Sweet
Love
Sweet Home
Home
Enjoy Your
For the

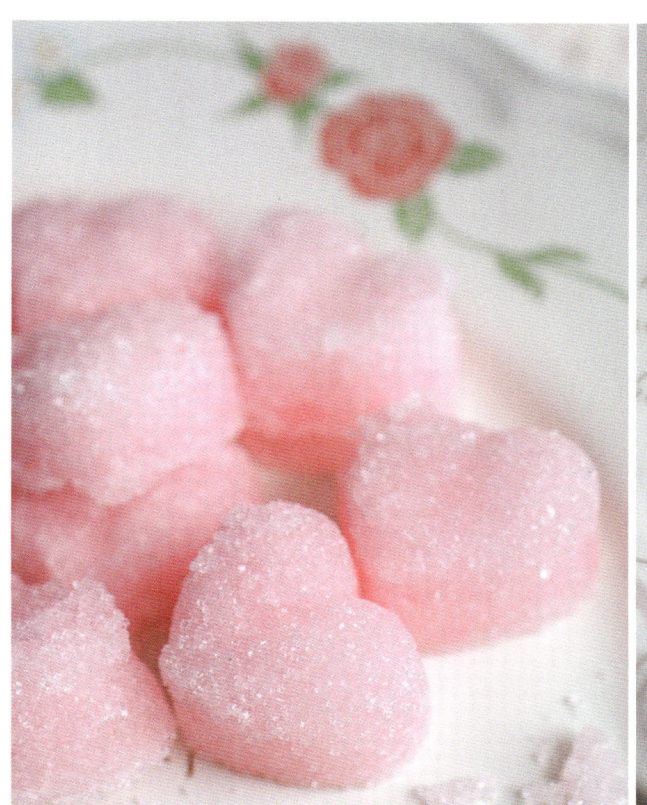

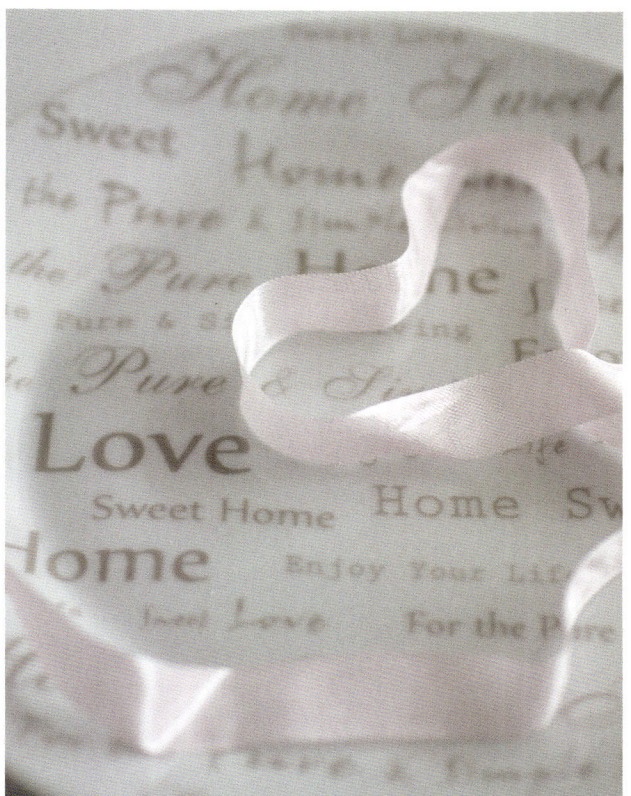

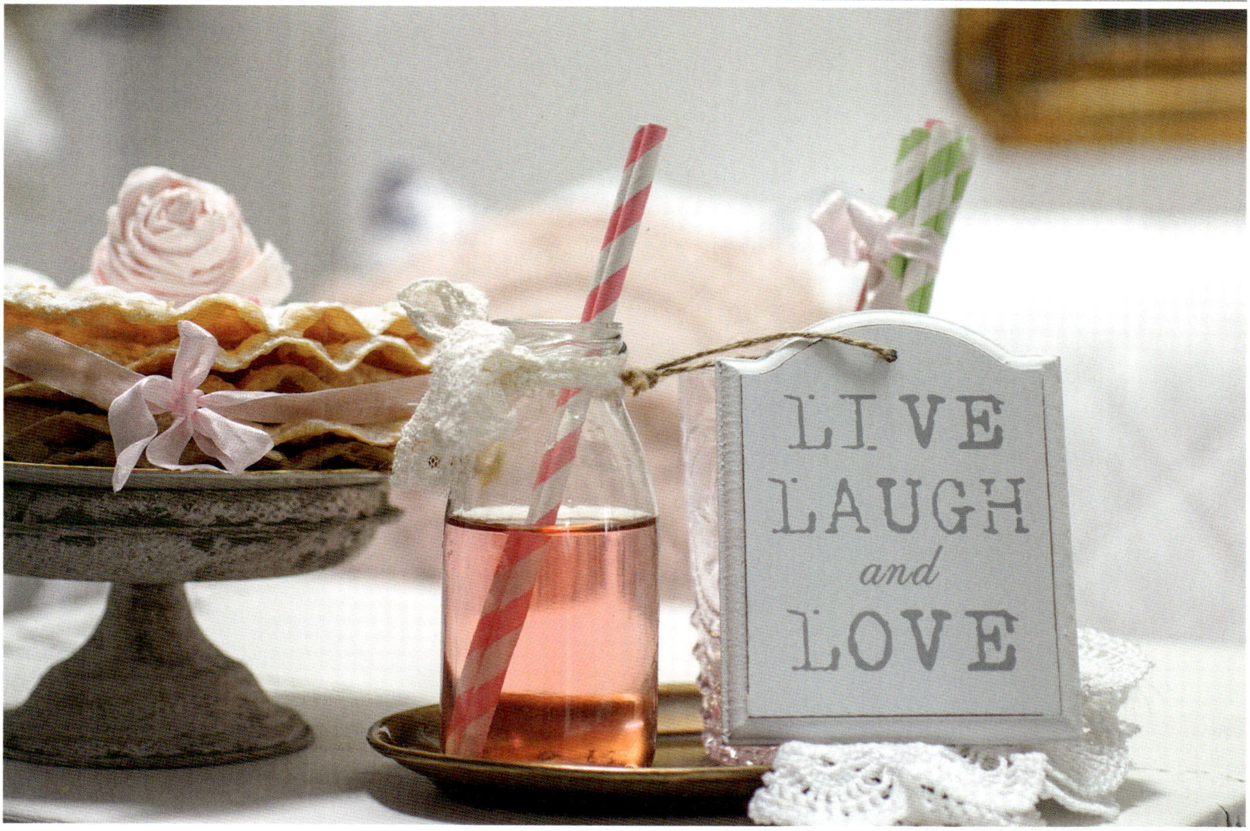
LIVE
LAUGH
and
LOVE

Meine italienischen Wurzeln zeigen sich oft beim Backen. Viele Spezialitäten erinnern mich an meine nonna. Sie hat immer mit viel Liebe Köstliches gebacken. Ein Beispiel ist die Ciambella, ein typisch italienisches Gebäck, das süß oder herzhaft gebacken werden kann. Der Name bezieht sich auf die runde Form mit einem Loch in der Mitte.

Ciambella

MIT AROMAÖL, FETA UND ERBSEN

FÜR 1 RUNDE FORM MIT LOCH (Ø 24 CM) ODER GUGELHUPFFORM

Für das Aromaöl:
100 ml Rapsöl
3–5 Thymianstängel

Für die Erbsen:
4 EL TK-Erbsen
1 TL Butter
1 Msp. Salz

Für den Teig:
300 g Mehl
1 TL Backpulver
1 Prise Salz
4 EL fein gehackter frischer Schnittlauch
4 EL fein gehackte frische Petersilie
150 ml Milch
2 Eier
200 g Feta

Außerdem:
Butter für die Form
Mehl zum Bestäuben
Thymianstängel zum Garnieren

Öl in ein Glas füllen, Thymian waschen, trocken schütteln und mind. 1 Std. zum Öl geben. Erbsen antauen lassen. Butter in einer kleinen Pfanne schmelzen und die Erbsen mit Salz einige Min. dünsten. Abkühlen lassen und in der Zwischenzeit den Backofen auf 180 °C vorheizen.

Für den Teig Form einfetten und Mehl mit Backpulver und Salz mischen. Schnittlauch und Petersilie zufügen. Milch, Aromaöl und Eier verrühren und untermischen. Feta würfeln, mit den Erbsen zufügen und sorgfältig unterrühren. Teig in die Form füllen und ca. 1 Std. backen. Kurz abkühlen lassen und aus der Form nehmen. Mit etwas Mehl bestäuben und mit Thymianstängeln garnieren. Ciambella schmeckt lauwarm und frisch am besten.

➜ **MEINE TIPPS:** Wenn Sie die Thymianstängel einige Tage im Öl liegen lassen, schmeckt es noch aromatischer und intensiver. Sie können auch andere frische Kräuter verwenden. Und wer Schärfe mag, kann auch einige Chiliflocken in den Teig geben. Sieht farblich sehr schön aus!

Mit Blätterteig kann man so einiges anstellen: rollen, füllen, blindbacken ... für kleine Snacks ist dieser Teig perfekt. Und auch Kräuter und Avocado sind für mich unverzichtbarer Bestandteil meiner Küche, deshalb kombiniere ich diese Zutaten gerne miteinander.

Kleine Blätterteighörnchen
MIT AVOCADOMOUSSE

FÜR CA. 12 KLEINE HÖRNCHEN
1 Rolle Blätterteig (Kühlregal)

Für die Mousse:
½ Avocado
1 TL Zitronensaft
300 g Doppelrahmfrischkäse
1 Prise Salz
Pfeffer aus der Mühle
2 EL fein gehackte frische Kräuter (z. B. Schnittlauch, Petersilie, Rosmarin)

Außerdem:
Hörnchenformen aus Edelstahl
Öl für die Formen
1 EL Kaffeesahne zum Bestreichen
½ EL grobes Meersalz zum Bestreuen

Hörnchenformen mit Öl bepinseln und beiseitestellen. Kalten Blätterteig flach auslegen, in ca. 3 cm breite Teigstreifen schneiden und diese spiralförmig, leicht überlappend um die Formen wickeln (nur bis zur Hälfte der Formen wickeln, damit die Hörnchen klein bleiben), Spitze etwas zusammendrücken und die Formen ca. 30 Min. senkrecht in den Kühlschrank stellen.

Den Backofen auf 200 °C vorheizen, Backblech mit Backpapier auslegen. Hörnchen mit Kaffeesahne bestreichen und mit etwas Salz bestreuen. Senkrecht auf das Blech stellen und ca. 15 Min. goldbraun backen. Herausnehmen, auf einem Kuchengitter abkühlen lassen und anschließend vorsichtig die Formen herausdrehen.

Für die Füllung Avocadofruchtfleisch in Stücke schneiden, mit Zitronensaft beträufeln und pürieren, den Frischkäse mit einer Gabel cremig rühren. Frischkäse, Avocadopüree, Salz, Pfeffer und Kräuter gründlich verrühren. Mousse in einen Spritzbeutel mit gezackter Lochtülle füllen und damit die Minihörnchen füllen. Kühl stellen und genießen!

➜ **MEINE TIPPS:** Avocadomousse am Vortag zubereiten, so können sich die Aromen der Kräuter im Frischkäse richtig entfalten. Die Mousse kann auch mit angebratenen Speckwürfeln verfeinert werden.

Romantik & Nostalgie

Die Rezepte dieses Kapitels sind mit kulinarischen Kindheitserinnerungen und einer kräftigen Prise Nostalgie angereichert. Es finden sich allerlei Köstlichkeiten mit Früchten, Blüten und Gewürzen, die glücklich machen. Verbunden mit Inspirationen für romantische Tafelzauber und einem Hauch Poesie entsteht so ein prächtiges Fest für die Sinne.

Rosalin Pfeffer verleiht der kreativen Küche ein exotisches Aroma. Wussten Sie, dass Rosalin Pfeffer auch als Rosa Pfeffer, Rosa Beeren oder Rosé Pfeffer bekannt ist? Die Pfefferbeeren sind botanisch gesehen kein echter Pfeffer und schmecken mild, süßlich und vor allem sehr aromatisch. Kombiniert mit Schokolade ist der Geschmack einfach herrlich.

Rosalin Schokokuchen
MIT KIRSCHWASSER

FÜR 1 SPRINGFORM (Ø 22 CM)

Für den Teig:
6 Eier
150 g brauner Zucker
125 g zimmerwarme Butter, in Stücken
2 cl Kirschwasser
½ EL Rosalin Pfeffer
200 g gemahlene Mandeln
50 g Mehl
1 TL Backpulver
100 g Kakaopulver
75 g Schokotropfen (alternativ gewürfelte Zartbitterschokolade)
1 Prise Salz

Für die Füllung und Garnitur:
125 g dunkle Kuchenglasur
4–6 EL Waldfruchtmarmelade
ca. 1 EL Rosalin Pfeffer

Außerdem:
Butter für die Form

Den Backofen auf 180 °C vorheizen und die Form einfetten. Eier trennen und Eiweiße in einer separaten Rührschüssel zur Seite stellen. Eigelbe und Zucker mit den Rührbesen des Handrührgeräts schaumig rühren. Butter und Kirschwasser zufügen und unterrühren. Anschließend Rosalin Pfeffer in einem Mörser zerreiben und mit Mandeln, Mehl, Backpulver, Kakao und Schokotropfen vermischen, alles mit der Eier-Zucker-Masse vermengen.

Eiweiße mit Salz zu Schnee schlagen, sorgfältig unter den Teig heben und in die Form füllen. Auf unterster oder zweitunterster Schiene 45–55 Min. backen (der Kuchen darf innen etwas feucht bleiben, so schmeckt er am besten). Herausnehmen, abkühlen lassen und aus der Form nehmen.

Währenddessen die Kuchenglasur über dem Wasserbad schmelzen. Den ausgekühlten Kuchen mit einem großen Messer einmal waagerecht durchschneiden und auf dem ersten Boden die Marmelade verstreichen. Zweiten Boden darauflegen und die Kuchenglasur darübergeben. Mit Rosalin Pfeffer garnieren und auf einem Kuchengitter trocknen lassen.

MEINE IDEE: „Schokoladenhimmel"-Teelicht

❦ Sie brauchen: Notenpapierkopien, Schere, Glas, Klebeband, Klammer (z. B. Gardinenklammer), Stift, Sand, Teelicht

❦ So wird's gemacht: Notenpapier zuschneiden, um das Glas wickeln und mit Klebeband befestigen. Aus einem zweiten Stück Notenpapier eine Verzierung falten (z. B. einen Fächer) und mit einer Klammer an der Seite des Glases befestigen. Ein drittes Stück Papier beschriften und befestigen. Glas mit Sand füllen und ein Teelicht hineinstellen.

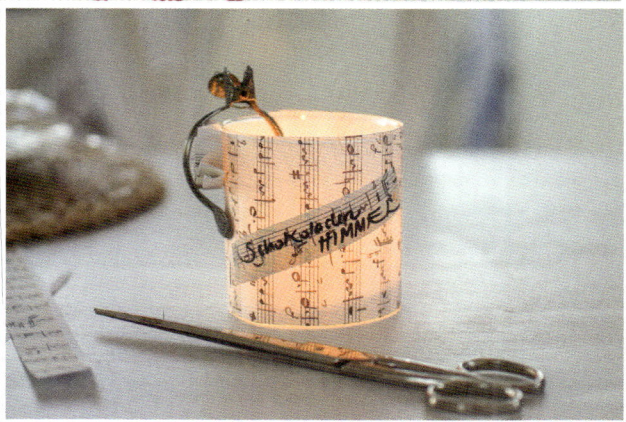

Lime & Lemon

Ein luftiger Rührkuchen mit einer Mandelblättchenkruste, kombiniert mit dem Geschmack von Zitrusfrüchten in Form von Limetten-Zitronen-Marmelade, schmeckt einfach traumhaft. Und ist es nicht so, dass Zitronengelb gute Laune macht?

Lime-Lemon-Cake
MIT KANDIERTER LIMETTE

FÜR 1 SPRINGFORM (Ø 18 CM)
Für die kandierte Limette:
1 Bio-Limette
100 g Zucker

Für den Teig:
90 g Puderzucker
1 Pck. Vanillezucker
1 Prise Salz
1 Ei
Abrieb von 1 Bio-Zitrone
60 g zimmerwarme Butter, in Stücken
140 ml Milch
100 g Mehl
30 g Speisestärke
1 TL Backpulver

Für die Mandelkruste:
1 Eiweiß (Größe S)
30 g Puderzucker
2–3 EL Mandelblättchen
2 EL brauner Rohrzucker

Außerdem:
Butter für die Form
4 EL Limetten-Zitronen-Marmelade für die Füllung
Puderzucker zum Bestäuben

Kandierte Limettenscheiben am besten am Vortag zubereiten. Limette in Scheiben schneiden und etwas Wasser in einem kleinen Topf zum Kochen bringen. Limettenscheiben darin ca. 2 Min. blanchieren. Herausnehmen und abkühlen lassen. Zucker und 175 ml Wasser in einem Topf zum Kochen bringen, rühren, bis der Zucker sich aufgelöst hat. Dann bei geringer Temperatur die Limettenscheiben ca. 1 Std. im Sirup ziehen lassen. Herausnehmen und auf einem Kuchengitter ca. 12 Std. abtropfen und trocknen lassen.

Am nächsten Tag den Backofen auf 180 °C vorheizen und die Form einfetten. Puderzucker sieben, mit Vanillezucker, Salz und Ei ca. 5 Min. schaumig rühren. Zitronenabrieb, Butter und Milch unterrühren. Mehl, Speisestärke und Backpulver mischen und sieben, zufügen und so lange weiterrühren, bis eine homogene Masse entsteht. In die Form füllen und ca. 35 Min. backen.

Für die Mandelkruste Eiweiß mit Puderzucker steif schlagen und dünn auf dem Kuchen verteilen, mit Mandelblättchen und Rohrzucker bestreuen, den Kuchen weitere 10 Min. im Ofen fertig backen und karamellisieren lassen. Am besten machen Sie eine Stäbchenprobe, so wissen Sie sicher, dass der Kuchen durchgebacken ist. Herausnehmen und in der Form abkühlen lassen.

Kuchen vorsichtig aus der Form lösen und mit einem scharfen Messer waagerecht durchschneiden. Den einen Boden gleichmäßig mit Marmelade bestreichen, den zweiten Biskuitboden darauflegen und mit Puderzucker bestäuben. Mit kandierten Limettenstücken garnieren und servieren.

Wenn es draußen kühler ist und ich mich nach Meer, Muscheln und Perlen sehne, backe ich diese heiß geliebten Madeleines mit Kokosflocken. Die Perlengarnitur ist sogar essbar.

Kokos-Madeleines
MIT MARZIPANPERLEN

FÜR CA. 12 MADELEINES

Für den Teig:
60 g Mehl
½ TL Backpulver
1 Prise Salz
1 Ei
50 g Zucker
50 g zimmerwarme Butter, in Stücken
1 EL Zitronensaft
60 g Kokosflocken

Für die Garnitur:
50 g weiße Kuvertüre
2 EL Kokosflocken
Marzipanrohmasse und etwas Lebensmittelfarbe (Pulver Glitzer weiß) für die Dekoperlen

Außerdem:
Butter für die Formen
Puderzucker zum Bestäuben

Den Backofen auf 180 °C vorheizen und die Madeleine-Form einfetten. Mehl und Backpulver mischen und sieben, Salz zufügen und beiseitestellen. Ei, Zucker und Butter schaumig schlagen, Zitronensaft einrühren. Kokosflocken und Mehlmischung vorsichtig unterrühren.

Teig in die Form füllen und die Madeleines 15–20 Min. hell backen. (Die genaue Backzeit hängt von ihrer Größe ab.) Herausnehmen, in der Form abkühlen lassen und anschließend vorsichtig daraus lösen.

Schokolade über dem Wasserbad schmelzen. Spitze der Madeleines in die Schokolade tauchen und mit Kokosflocken bestreuen. Auf einem Kuchengitter trocknen lassen.

Aus Marzipan kleine Perlen in verschiedenen Größen formen und mit den Fingern weißen Glitzer darauftupfen. Vor dem Servieren die Madeleines mit etwas Puderzucker bestäuben und mit Marzipanperlen garnieren. Dann die Süßigkeiten genießen und sich das Rauschen des Meeres vorstellen …

Zarte Schokolade, feurig-scharfes Chili und kuschelige Wärme passen einfach gut zusammen. Wie sagt man so schön: Es gibt kein schlechtes Wetter, sondern nur falsche Bekleidung … oder eben keine Schokolade und kein Chili im Küchenschrank!

Schoko-Chili-Küchlein
MIT ORANGENCREME

FÜR CA. 6 KÜCHLEIN

Für den Teig:
50 g Zartbitterkuvertüre
60 ml Sahne
50 g Butter
Abrieb von 1 Bio-Orange
50 g brauner Zucker
1 Prise Salz
½ TL Chiliflocken oder -pulver
1 Ei
70 g Mehl
1 TL Backpulver
50 g gehackte Mandeln

Für die Orangencreme:
30 g zimmerwarme Butter, in Stücken
Saft und Abrieb von ½ Bio-Orange
250 g Puderzucker

Außerdem:
Butter für die Formen
Kakaopulver zum Bestäuben
1 Bio-Orange und kleine rote Chilischoten zum Garnieren

Für den Teig Kuvertüre fein hacken und in eine Schüssel geben. Sahne erhitzen, auf die Kuvertüre gießen und rühren, bis diese geschmolzen und cremig ist. Butter zerlassen, mit Orangenabrieb, Zucker, Salz und Chili zu der Kuvertüremischung geben und schaumig rühren. Ei leicht verquirlen, zugeben und 1–2 Min. weiterrühren.

Den Backofen auf 200 °C vorheizen und die Formen (z. B. kleine Gugelhupfformen à 100 ml) einfetten. Mehl und Backpulver mischen und unter die Masse sieben. Anschließend die Mandeln unterheben. Teig gleichmäßig in die Förmchen füllen und 15–18 Min. backen.

Währenddessen die Creme vorbereiten. Butter, Orangensaft und -abrieb mit den Rührbesen des Handrührgeräts verrühren. Puderzucker nach und nach zufügen und so lange weiterschlagen, bis eine glatte Masse entsteht. Buttercreme in einen Spritzbeutel mit verzierter Lochtülle füllen und beiseitestellen.

Schokoküchlein herausnehmen, etwas abkühlen lassen, danach vorsichtig aus den Formen stürzen und auf einem Kuchengitter abkühlen lassen. Mit einem Messer einmal waagerecht durchschneiden. Auf die unteren Hälften die Orangencreme spritzen, den oberen Teil daraufsetzen und mit Kakao bestäuben. Orange schälen und würfeln und die Küchlein mit Orangenstücken und Chilischoten garniert servieren. Das bittersüße Aroma mit der leichten Schärfe ist ein Genuss.

Rollen aus weichem Biskuit sind eine schöne Alternative zu Kuchen. Je nach Saison können sie mit fruchtigen Cremes, luftiger Mousse oder leckeren Marmeladen gefüllt werden.

Ananasbiskuitrolle
FRUCHTIG-FRISCH

FÜR 1 BISKUITROLLE (CA. 12 STÜCKE)

Für das Biskuit:
30 g zimmerwarme Butter
4 Eier
1 Prise Salz
100 g Puderzucker
50 g Mehl
50 g Speisestärke

Für die Füllung:
¼ Ananas
250 ml Sahne
Mark von ½ Vanilleschote
1 Pck. Sahnesteif

Außerdem:
Zucker zum Verarbeiten
Puderzucker zum Bestäuben
Ananasscheiben und Zuckerperlen zum Garnieren

Den Backofen auf 220 °C vorheizen, Backblech mit Backpapier auslegen. Butter zerlassen und abkühlen lassen. Eier trennen. Eiweiße mit Salz halbsteif schlagen. Puderzucker sieben, löffelweise zufügen und schlagen, bis die Masse glänzt und fest ist. Eigelbe leicht verquirlen, zufügen und unterrühren.

Mehl und Speisestärke mischen, sieben und zu der Eier-Zucker-Mischung geben. Anschließend die zerlassene Butter vorsichtig mit der Masse vermengen und den Teig gleichmäßig auf das Blech streichen. Ca. 8 Min. backen. Das Biskuit sollte hell und luftig sein. Herausnehmen, in ein mit Zucker bestreutes Geschirrtuch wickeln, abkühlen lassen, dann wieder ausrollen und weiterverarbeiten.

In der Zwischenzeit für die Füllung Ananas sehr fein würfeln. Sahne mit Vanillemark und Sahnesteif steif schlagen. Gleichmäßig auf dem Biskuit verteilen und anschließend mit Ananaswürfeln belegen. Biskuit eng aufrollen, Seiten abschneiden und mind. 1 Std. in den Kühlschrank stellen. Vor dem Servieren mit Puderzucker bestäuben und mit Ananasscheiben und Zuckerperlen garnieren.

MEINE IDEE: Flaschen und Gläser mit Spitze

♥ Sie brauchen: kleine und große Glasflaschen, Tortenspitze, Schere, Klebeband, Schnur oder Zierband, Etiketten zum Beschriften oder Dekorieren

♥ So wird's gemacht: Flaschen gut ausspülen und säubern und mit entsprechend zugeschnittener Tortenspitze umwickeln. Mit Klebeband fixieren und mit Schnur oder Zierband und Etiketten verzieren.

Fernweh? Auf der Suche nach exotischen und fremdländischen Geschmäckern? Backen Sie mit Farben und Gewürzen aus Südostasien. Ingwer beispielsweise hat nicht nur einen wunderbar außergewöhnlichen Geschmack, sondern ist auch eine gesunde Wunderknolle. Das Rezept für diese Macarons schenkte mir der Hotelküchenchef Robert Mujagic während meines Urlaubs in Thailand.

Exotische Macarons
ORANGE-INGWER

FÜR 30–35 MACARONS
Für den Teig:
225 g Puderzucker
150 g geschälte, gemahlene Mandeln
3 Eiweiß
etwas Lebensmittelfarbe
(z. B. Orange)
30 g Zucker

Für die Füllung:
5–10 g Ingwer
120 g zimmerwarme Butter, in Stücken
Abrieb von 1 Bio-Orange
250 g Puderzucker

Außerdem:
Blüten zum Garnieren

Den Backofen auf 160 °C (Umluft) vorheizen. Zwei Backbleche mit Backpapier auslegen. Puderzucker sieben, mit den Mandeln mischen und beiseitestellen. Eiweiße und etwas Lebensmittelfarbe zu sehr steifem Schnee schlagen, Zucker nach und nach einrieseln lassen. Weiterschlagen, bis eine schnittfeste, glänzende Masse entsteht. Die Mandel-Puderzucker-Mischung sorgfältig unter den Eischnee heben. Masse in einen Spritzbeutel mit großer, runder Lochtülle füllen und Macarons (Ø ca. 2 cm) auf die Bleche spritzen. 12–15 Min. backen. Nach 10 Min., ohne die Ofentür zu öffnen, die Farbe der Macarons überprüfen und dann weitere 2–5 Min. backen, sie sollten nicht bräunen. Herausnehmen und abkühlen lassen.

Für die Füllung Ingwer schälen und fein reiben. Butter mit Orangenabrieb und Ingwer cremig rühren. Puderzucker nach und nach zufügen und weiterrühren, bis eine geschmeidige, glatte Buttercreme entsteht. In einen Spritzbeutel mit runder Lochtülle füllen, auf die Hälfte der Macarons spritzen, die anderen Macarons obenauf legen. Leicht andrücken, auf einem großen Teller verteilen und ca. 30 Min. kalt stellen. Gekühlt bleiben sie 2–3 Tage frisch. Wenn die Macarons längere Zeit gekühlt wurden, ca. 15 Min. vor dem Servieren herausnehmen.

➤ **MEIN TIPP:** Ich kann mich an Macarons in den verschiedensten Variationen nicht satt essen. Statt mit Buttercreme fülle ich sie gerne – je nach Saison – mit einem Frischkäse-Früchte-Frosting oder mit Marmelade. Finden Sie Ihre eigene Lieblingssorte heraus!

Gefüllte Baisertuffs schmecken zum Kaffee, eignen sich zum Naschen zwischendurch und sind echte bijoux. Die Tuffmasse lässt sich mit Lebensmittelfarbe leicht einfärben. Im Sommer liebe ich diese Köstlichkeit als Dessert mit kalter Schlagsahne, frischen Brombeeren und Minze (s. u.).

Baisertuffs
MIT WEISSER GANACHE

FÜR 15 TUFFS

Für die Tuffs:
2 Eiweiß
1 Prise Salz
100 g Puderzucker
1 Pck. Vanillezucker
etwas Lebensmittelfarbe (z. B. Blau)

Für die Füllung:
100 g weiße Kuvertüre
35 ml Sahne
Mark von 1 Vanilleschote

Außerdem:
Puderzucker zum Bestäuben

Den Backofen auf 100 °C vorheizen, Backblech mit Backpapier auslegen. Eiweiße mit Salz steif schlagen, Puder- und Vanillezucker einrieseln lassen. Weiterschlagen, bis die Baisermasse fest ist und glänzt. Einige Tropfen Lebensmittelfarbe zufügen und unterrühren, bis die gewünschte Farbe erreicht ist. Masse in einen Spritzbeutel mit Sterntülle füllen und 30 kleine Tuffs (Ø ca. 3 cm) auf das Blech spritzen. Ca. 1 Std. backen und dann im ausgeschalteten Ofen einige Std. abkühlen und trocknen lassen.

Für die Füllung Kuvertüre in kleine Stücke hacken. Sahne erhitzen, und vor dem Aufkochen vom Herd nehmen. Vanillemark zufügen, Mischung auf die Kuvertüre gießen, sodass sie schmilzt. Vorsichtig rühren, die Masse sollte cremig werden. Abkühlen lassen. Ganache in einen Spritzbeutel füllen und auf die Hälfte der Tuffs spritzen, die anderen Tuffs obenauf setzen. Mit Puderzucker bestäuben.

➔ **MEIN TIPP:** Mit Baisertuffs entsteht auch ein wunderschönes Dessert: Für 10 Portionen 250 ml Sahne mit 2 EL Puderzucker schlagen, 1 Pck. Sahnesteif zufügen, steif schlagen. Sahne in kleine Schälchen füllen und mit je 1 Baisertuff (s. o.), 1 frischen Brombeere, 1 Minzblatt und Zuckerperlen garnieren.

MEINE IDEE: Bijoux-Box

♥ Sie brauchen: große Konservendose, Dosenöffner, Acryllack, Pinsel, Möbelknopf (z. B. aus Porzellan), Perle, Kleber (z. B. Zweikomponentenkleber), Notizzettel, Stift, Masking Tape

♥ So wird's gemacht: Dose mit einem Dosenöffner, welcher keine scharfen Kanten hinterlässt, öffnen. Papier und Klebereste entfernen. Dose und Deckel gründlich waschen, abtrocknen und in gewünschter Farbe anmalen. Gut trocknen lassen. Metallstücke vom Möbelknopf entfernen, den Knopf mit Kleber auf dem Deckel der Dose befestigen. Perle auf das Loch des Knopfes kleben, sodass es kaschiert wird. Notizzettel beschriften und mit Masking Tape befestigen.

Bei mir ist es eindeutig so: Das Auge isst mit. Wenn ich etwas schön finde, dann schmeckt es mir meistens auch sehr gut. Wie diese gefüllten Schmelzbrötli mit luftiger Sahne, frischen Mandarinenstückchen und einem eleganten Baiserhäubchen mit Mandelblättchen als i-Tüpfelchen.

Schmelzbrötli
MIT BAISER UND MANDARINEN

FÜR CA. 6 SCHMELZBRÖTLI

Für den Teig:
90 g Zucker
1 Pck. Vanillezucker
1 Prise Salz
1 Ei
60 g zimmerwarme Butter
120 ml Milch
20 ml Sahne
110 g Mehl
30 g Speisestärke
1 TL Backpulver

Für das Baiserhäubchen:
1 Eiweiß
1 TL Salz
3 EL Puderzucker
3 EL Mandelblättchen

Für die Füllung:
1 kleine Mandarine
2 EL blanchierte Mandeln
125 ml Sahne

Außerdem:
Puderzucker zum Bestäuben

Zucker, Vanillezucker, Salz und Ei mit den Rührbesen des Handrührgeräts schaumig rühren. Butter, Milch und Sahne zufügen und rühren, bis die Masse hell ist. Mehl, Speisestärke und Backpulver mischen, sieben, zugeben und so lange rühren, bis eine homogene Masse entsteht. Teig gleichmäßig in die Förmchen verteilen.

Den Backofen auf 180 °C vorheizen. Für das Baiserhäubchen Eiweiß mit Salz schlagen (so wird das Häubchen leicht salzig und passt gut zum süßen Geschmack der Mandarinen), Puderzucker einrieseln lassen und schlagen, bis die Masse steif ist. Baiser gleichmäßig auf den Teig in den Förmchen verteilen. Mit Mandelblättchen garnieren und 25–30 Min. backen. Sollte das Baiser zu schnell bräunen, die Temperatur auf 170 °C reduzieren oder die Förmchen mit Backpapier abdecken. Stäbchenprobe machen und testen, ob die Schmelzbrötli fertig gebacken sind. Herausnehmen und abkühlen lassen.

Für die Füllung Mandarine schälen und filetieren. In sehr kleine Stücke schneiden. Mandeln hacken. Sahne steif schlagen und Mandeln und Mandarinenstücke vorsichtig unterheben. Achten Sie darauf, dass nicht zu viel Saft in die Sahne gelangt, damit die Füllung schön kompakt bleibt. Schmelzbrötli mit einem scharfen Messer waagerecht halbieren und die Füllung gleichmäßig auf den unteren Hälften verteilen. Die oberen Hälften daraufsetzen und mit Puderzucker bestäuben.

➜ **MEINE TIPPS:** Unter die Sahnefüllung passt auch eine dünne Schicht Konfitüre und die Sahne kann z. B. mit Orangenabrieb verfeinert werden. Statt Mandarinen können Sie auch Orangen verwenden.

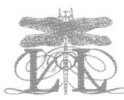

Diese leicht süßen Häppchen mit frischem Ricotta sind ein Traum – ob mit einer Füllung aus gehackten Pistazien, Haselnusskrokant, Schokoladenstückchen oder kandierten Früchten. Auch bei diesem Rezept sind Ihrer Experimentierfreude keine Grenzen gesetzt. Nur eins steht fest: die Leckerbissen werden bestimmt nicht lange Ihre Etagere zieren!

Ricottaröhrchen
MIT PISTAZIE UND KROKANT

FÜR CA. 20 RÖHRCHEN
1 Rolle Kuchenteig (Fertigprodukt)

Für die Füllung:
300 g Ricotta
2–3 EL Puderzucker
20 g Haselnusskrokant oder
ungesalzene gehackte Pistazien

Außerdem:
Metallröhrchen oder Bambusröhren
(ca. 8 cm lang)
1 EL Kaffeesahne zum Bestreichen
Puderzucker zum Bestäuben

Mithilfe eines Wasserglases (Ø ca. 7 cm) 20 Kreise auf Backpapier zeichnen und ausschneiden. Danach aus dem Kuchenteig 20 Kreise ausstechen. Den Backofen auf 180 °C vorheizen und zwei Backbleche mit Backpapier auslegen. Die Metallröhrchen zuerst mit den zugeschnittenen Backpapierstücken umwickeln und dann die ausgestochenen Teigstücke darüberrollen, sodass die Enden überlappen. Wichtig: Mit nassen Fingern die Enden des Teigs gut andrücken, damit sie während des Backens nicht aufgehen.

Die vorbereiteten Teigröhren nebeneinander auf das Backblech legen und mit Kaffeesahne bestreichen. Ca. 25 Min. goldgelb backen, herausnehmen und auf einem Kuchengitter abkühlen lassen. Teigröhrchen vorsichtig von den Formen schieben und das Backpapier entfernen.

Für die Füllung Ricotta zu einer weichen Masse verrühren. Den Puderzucker dazusieben, gut rühren, dann kühl stellen. Röhrchen mithilfe eines kleinen Löffels erst kurz vor dem Servieren füllen, da der Teig ansonsten zu weich werden könnte. Die Enden großzügig mit Haselnusskrokant oder gehackten Pistazien bestreuen. Anschließend mit Puderzucker bestäuben und frisch genießen. Dazu passt ein klassischer italienischer Süßwein, z. B. Vin Santo oder Marsala.

➜ **MEIN TIPP:** Ricotta eignet sich auch hervorragend für herzhafte Rezepte. Für einen kleinen Snack die Füllung statt mit Puderzucker mit etwas Fleur de Sel und Pfeffer würzen und mit Gemüse-, Kräuter- oder Schinkenstückchen vermengen. Köstlich!

Zuckersüße Lolli-Schnecken aus weichem, luftigem Biskuit sind einfach köstlich und ein toller Hingucker. Vielleicht backen Sie sie für die nächste Kinderparty? Dann die Menge einfach verdoppeln, verdrei- oder vervierfachen ...

Lolli-Schnecken
MIT MARMELADE

FÜR CA. 5 LOLLIS
Für das Biskuit:
8 g Butter
1 Eiweiß
1 Msp. Salz
25 g Puderzucker
1 Eigelb
25 g Mehl
25 g Speisestärke

Für die Füllung:
3–4 EL Erdbeer-Rhabarber-Marmelade (s. S. 102) oder Lieblingsmarmelade

Außerdem:
Zucker zum Verarbeiten
farbige Strohhalme
Puderzucker zum Bestäuben

Den Backofen auf 220 °C vorheizen, Backblech mit Backpapier auslegen. Butter in einem kleinen Topf schmelzen und abkühlen lassen. Eiweiß mit Salz halbsteif schlagen. Puderzucker sieben und löffelweise zufügen, so lange schlagen, bis die Masse glänzt und fest ist. Eigelb leicht verquirlen, zufügen und rühren.

Mehl und Speisestärke mischen, sieben und dann unter die Eiermasse heben. Anschließend die zerlassene Butter vorsichtig mit der Masse vermengen und den Teig gleichmäßig auf dem Backblech verstreichen. Im heißen Ofen 4–5 Min. backen. Herausnehmen, in ein mit Zucker bestreutes Geschirrtuch wickeln, abkühlen lassen, dann wieder ausrollen und weiterverarbeiten.

Marmelade glatt rühren, gleichmäßig auf dem Biskuit verteilen, dann eng aufrollen und die Seiten abschneiden. Mit einem scharfen Messer in gleich große, 1–2 cm dicke Stücke schneiden. Auf Strohhalme stecken (zuerst mit etwas Spitzem ein Loch vorstechen) und in ein Glas oder Milchkännchen stellen oder in eine Zuckerdose mit Zucker stecken. Mit Puderzucker bestäuben.

Meine liebe Schwiegermutter hieß Irma und dieses Rezept ist eine Überlieferung ihrer deutschen Mutter, also der Großmutter meines Mannes. In der Familie lieben wir diesen nostalgischen, rustikalen Kuchen. Der Gedanke, altbackenes Brot wiederzuverwenden und daraus einen Kuchen zu backen, begeistert mich. Die Verzierung mit Keksen und Satinband macht den Kuchen noch hübscher. Und wenn wir dieses Rezept backen, ist in unseren Gedanken ein lieber Mensch unter uns.

Irmas Chriesichueche
KIRSCHKUCHEN NACH GROSSMUTTERS ART

FÜR 1 SPRINGFORM (Ø 24 CM)
125 g altbackenes Weißbrot oder Brötchen
100 ml Milch
60 g Butter
60 g Zucker
4 Eigelb
60 g gemahlene oder gehackte Mandeln
1 Msp. Zimt
500 g Kirschen
4 Eiweiß

Außerdem:
Butter und Paniermehl für die Form
Kekse (z. B. Butter-Mandelblättchen-Kekse)
Zierband zum Fixieren
1 Handvoll Kirschen zum Garnieren
Puderzucker zum Bestäuben

Den Backofen auf 200 °C vorheizen, Form einfetten und mit Paniermehl bestreuen. Brot oder Brötchen grob zerkleinern, in Milch einweichen lassen. Butter und Zucker schaumig rühren. Eigelbe zufügen und rühren, bis die Masse hell ist. Brot gut ausdrücken und mit Mandeln und Zimt unterrühren. Kirschen waschen, entstielen und entsteinen und ebenfalls unter die Masse heben. Eiweiße steif schlagen und vorsichtig unterheben.

Teig in die Form füllen und ca. 1 Std. backen. Herausnehmen, abkühlen lassen und aus der Form lösen. Den Kuchenrand nach Belieben mit Keksen verzieren und diese mit einem Zierband fixieren. Mit Kirschen garnieren und mit Puderzucker bestäuben.

➤ **MEIN TIPP:** Der Kuchen schmeckt lauwarm wie ein Gedicht, wer mag, kann Vanillesoße oder Vanilleeis dazu servieren.

Im Frühjahr sind herrliche Nachmittage unter blühenden Bäumen Balsam für die Seele. Der Frühling ist eine Jahreszeit, die dazu einlädt, viele Stunden draußen zu verbringen: Die ersten Frühblüher sprießen, die Welt wird in Farbe getaucht und überall erklingt das muntere Gezwitscher der Vögel. Ein Hefe-Gugelhupf eignet sich hervorragend für eine Vesper im Freien. Und haben sie kein schlechtes Gewissen, wenn er im Nu vernascht wird. Denn am besten schmeckt er, wenn er frisch ist.

Hefe-Gugelhupf
MIT BLÜTENHONIG

FÜR 1 GUGELHUPFFORM (Ø 23 CM)
100 ml lauwarme Milch
200 ml lauwarmes Wasser
30 g frische Hefe
80 g Puderzucker
2–3 EL Blütenhonig
160 g zimmerwarme Butter
2 Eier
50 g Rosinen
Abrieb von ½ Bio-Zitrone
1 Prise Salz
500 g Mehl

Außerdem:
Butter für die Form
1–2 EL Mandelblättchen
Puderzucker zum Bestäuben

Milch und Wasser mischen, die Hefe zerbröseln und sorgfältig darin auflösen. Puderzucker sieben und mit Blütenhonig, Butter, Eiern, Rosinen, Zitronenabrieb und Salz zu der Milchmischung geben und verrühren. Mehl sieben, nach und nach zufügen und alles zu einem geschmeidigen Teig verkneten. Teig abgedeckt ca. 2 Std. bei Zimmertemperatur gehen lassen.

Teig noch einmal mit den Händen vorsichtig ziehen und falten. Die Gugelhupfform großzügig mit Butter einfetten. Mandelblättchen in der Backform verteilen und den Teig in die Form füllen. Erneut abgedeckt 1–1 ½ Std. ruhen und gehen lassen.

Den Backofen auf 180 °C vorheizen. Gugelhupf in der unteren Hälfte des Ofens 50–60 Min. backen (eventuell die letzten 10 Min. mit Backpapier abdecken). Herausnehmen, nach ca. 10 Min. auf ein Kuchengitter stürzen und abkühlen lassen. Zum Schluss mit etwas Puderzucker bestäuben.

➜ **MEIN TIPP:** Statt Rosinen können Sie auch Cranberrys verwenden.

MEINE IDEE: Schnelle Frühlingsdeko

- Romantische Kleiderbügel: Die Bügel aus Metall erhalten im Nu einen Frühlings-Look. Zum Beispiel indem Sie sie mit Schleierkrautstängeln und dünnem Basteldraht umwickeln und mit Papierschmetterlingen schmücken.
- Buntes Besteck: Auch Einwegbesteck lässt sich für eine spontane Frühjahrsparty schnell mit Masking Tape bekleben. Im Handel gibt es viele Sorten in verschiedenen Farben.
- Upcycling von Einmach- und Marmeladengläsern: Die Gläser lassen sich mit Servietten und Serviettenkleber toll verzieren.

Diese Torte wirkt filigran wie ein Kunstwerk und in ihrer Zartheit überaus romantisch – und vor allem ist sie köstlich. Ich mag es, verschiedene Geschmacksnoten zu mischen und neue Kombinationen zu kreieren. Der delikate Geschmack von Holunder, die knackigen Birnenstücke, das fluffige Baiser und die aromatischen Pinienkerne verschmelzen in dieser Komposition perfekt.

Holunder-Birnen-Baisertorte
MIT PINIENKERNEN

FÜR 1 SPRINGFORM (Ø 18–20 CM)

Für den Teig:
170 g Mehl
70 g brauner Zucker
½ TL Backpulver
1 Prise Salz
70 g kalte Butter, in Stücken
1 Ei
1 EL Holundersirup

Für die Füllung:
4 Birnen (ca. 650 g)
1–2 TL Zitronensaft
2 EL Naturjoghurt
2 EL brauner Zucker
1 Ei (Größe S)
1 EL Holundersirup
20 g Pinienkerne

Für die Baiserhaube:
3 Eiweiß
75 g Puderzucker

Außerdem:
Mehl zum Verarbeiten
Butter für die Form
Pinienkerne zum Garnieren

Mehl, Zucker, Backpulver und Salz in einer Schüssel mischen. Butter zufügen und alles mit den Fingern krümelig verreiben. Ei leicht verquirlen, mit dem Holundersirup mischen, zufügen und mit den Händen rasch zu einem geschmeidigen Teig verkneten. Teig anschließend zu einer Kugel formen und in Frischhaltefolie gewickelt ca. 30 Min. in den Kühlschrank stellen.

Währenddessen die Füllung vorbereiten. Birnen waschen, schälen, entkernen und würfeln. In einer Schüssel mit etwas Zitronensaft beträufeln. Mit Naturjoghurt, Zucker, einem leicht verquirlten Ei, Holundersirup und Pinienkernen vermengen und kühl stellen.

Den Backofen auf 180 °C vorheizen und die Form einfetten. Teig auf der bemehlten Arbeitsfläche ausrollen und in die Form legen, dabei mit den Händen einen ca. 3 cm hohen Rand formen. Birnenmasse darauf verteilen und mit einem Löffel leicht in den Mürbeteig drücken. Ca. 40 Min. backen. Sollte die Füllung noch nicht ganz fest sein, Kuchen die letzten 5 Min. in der oberen Hälfte des Ofens backen.

In der Zwischenzeit für die Baiserhaube Eiweiße mit Puderzucker steif schlagen. Torte nach der Backzeit herausnehmen, mit Baiser bestreichen und nochmals bei gleicher Temperatur 8–10 Min. weiterbacken, bis die Baiserhaube sich zart tönt. Abgekühlten Kuchen mit Pinienkernen auf Tellern anrichten, servieren und das Kunstwerk genießen.

Eine Bäuerin gab mir vor Jahren diese schönen Worte mit auf den Weg: „Holunder wächst, wo das Glück zu Hause ist." In unserem Garten steht ein duftender Holunderstrauch, der uns im Frühling und Sommer cremefarbene zarte Blüten schenkt. Jedes Jahr ernte ich ein Stück dieses Glücks. Daraus mache ich große und kleine Köstlichkeiten, die natürlich glücklich machen. Der Holunderblüten-Pudding gehört jedenfalls fest zum Glücks-Repertoire.

Mini-Puddinggugelhupfe
MIT HOLUNDERBLÜTEN

FÜR 4–6 PORTIONEN
(= 20 MINI-GUGELHUPFE)
Für den Pudding:
1–2 große Holunderblütendolden
100 ml Sahne
175 ml Milch
3 Blatt Gelatine (5 g)
2 Eigelb
50 g Zucker
½ Pck. Vanillezucker

Für die Garnitur:
250 g Naturjoghurt
Abrieb einer ½ Bio-Zitrone
1 große Bio-Zitrone
1 EL Holundersirup
4–6 TL Zitronenkonfitüre
4–6 kleine Baisers
8–12 Baisertuffs (selbst gemacht s. S. 56 oder gekauft) und Holunderblüten

Am Vortag Holunderblütendolden mit geöffneten Blüten im Ganzen ernten. Dolden schütteln, um sie von Schmutz oder kleinen Insekten zu befreien. Sorgfältig kalt abwaschen, auf Küchenpapier trocknen lassen. Sahne und Milch verrühren. Die Dolden darin über Nacht abgedeckt im Kühlschrank ziehen lassen.

Am nächsten Tag Gelatine in kaltem Wasser einweichen. Die Sahne-Milch-Mischung mit den Holunderdolden in einem Topf erwärmen und kurz vor dem Kochen in eine Schüssel abseihen. Gelatine ausdrücken, zugeben und gründlich verrühren. Eigelbe, Zucker und Vanillezucker schaumig rühren, zugeben und gut verrühren. Mini-Gugelhupfformen mit kaltem Wasser ausspülen und sofort mit dem Pudding füllen. Abkühlen lassen und mind. 4 Std. kalt stellen.

Vor dem Servieren Naturjoghurt mit Zitronenabrieb verrühren, Zitrone in dünne Scheiben schneiden. Einige Tropfen Holundersirup auf die Teller gießen und mit Zitronenscheiben belegen. Mini-Puddinggugelhupfe aus der Form stürzen und darauf anrichten. Auf jede Portion einen großen Klecks Joghurt geben und den Joghurt mit je 1 TL Zitronenkonfitüre gelb verfeinern. Darauf je 1 Mini-Baiser zerbröseln. Mit kleinen Baisertuffs und Holunderblüten garnieren und sehr kalt servieren.

➜ **MEIN TIPP:** Achtung, keinen Holunder von Sträuchern am Straßenrand ernten. Wenn Sie keinen Holunder finden, können Sie den Pudding ohne Holunderblüten zubereiten, dann bei der Garnitur mehr Holundersirup verwenden.

Eine Gedankenreise durch die Welt – träumen Sie an manchen Tagen auch vor sich hin? Frische Brioches verbinde ich mit der bezaubernden Stadt Paris. Der Stadt der Liebe und der vielen Köstlichkeiten aus der Boulangerie. Es ist fantastisch, wie wir durch den Duft von frisch Gebackenem innerhalb von Sekunden in Erinnerungen schwelgen und schöne Ereignisse in Gedanken noch einmal erleben. Genießen Sie das französische Lebensgefühl, bon appétit!

Brioche
FRANZÖSISCHES HEFEGEBÄCK

FÜR 1 BRIOCHEFORM (Ø 22 CM) ODER GUGELHUPFFORM

300 g Mehl
¾ Pck. Trockenhefe
(alternativ 15 g frische Hefe)
50 g Zucker
1 Prise Salz
50 g zimmerwarme Butter, in Stücken
2 Eier
2 EL Sahne
75 ml lauwarme Milch
1 Eigelb
1 EL Milch

Außerdem:
Mehl zum Verarbeiten
Butter für die Form

Mehl, Trockenhefe (oder zerbröselte frische Hefe), Zucker und Salz in einer Schüssel mischen. Butter, Eier, Sahne und Milch zufügen und den Teig mit bemehlten Händen kneten, bis er glatt und geschmeidig wird. Abgedeckt an einem warmen Ort mind. 1 Std. gehen lassen.

Form einfetten. Aus einer kleinen Teigmenge eine kleine Kugel formen. Restliche Teigmasse in die Form füllen und die geformte Kugel obenauf setzen. Abgedeckt 1–1 ½ Std. gehen lassen.

Den Backofen auf 180 °C vorheizen. Eigelb mit Milch verquirlen, Brioche mit der Mischung bestreichen und im Ofen ca. 40 Min. goldbraun backen. Wenn sie zu schnell braun wird, mit Backpapier abdecken.

➜ MEIN TIPP: Statt einer großen Brioche, können Sie auch mehrere kleine backen (z. B. ein rundes Blech, Ø 24 cm, mit ca. 7 Briochebrötchen belegen). Kleine Brioches lassen sich leicht zu einer schnellen Nachspeise umfunktionieren. Einfach waagerecht aufschneiden und das Innere etwas aushöhlen. Mit einer Eiskugel oder mit Creme füllen und nach Lust und Laune dekorieren, z. B. mit Schokoladensoße, Schlagsahne, Früchten oder Zuckerstreuseln.

Hübsche Eichhörnchen, die ich während meines Aufenthalts in Brighton im Park beobachtete, inspirierten mich zu diesen knusprigen Keksen. Dabei ist mir bewusst geworden, wie viel Wert eine einzige Haselnuss hat, und ich fühle mich beim Horten dieser Köstlichkeit wie ein Eichhörnchen. Natur inspiriert!

Nussplätzchen
MIT STREUSELN

FÜR 20–25 DOPPELPLÄTZCHEN
Für den Teig:
125 g Mehl
125 g gemahlene Haselnüsse
125 g kalte Butter,
in kleinen Stücken
125 g brauner Zucker
3 EL Saft und Abrieb von
1 Bio-Orange
1 Eigelb

Für die Füllung und Streusel:
4–5 EL Aprikosenmarmelade
Abrieb und 2 EL Saft
von ½ Bio-Orange
30 g Butter
40 g Marzipanrohmasse
50 g brauner Zucker
100 g Mandelblättchen
1 Eiweiß

Außerdem:
Mehl zum Verarbeiten
Haselnüsse zum Garnieren
Zierband zum Zusammenbinden
der Kekse

Mehl in eine Schüssel sieben, mit den Haselnüssen mischen und beiseitestellen. Butter, Zucker und Orangensaft mit den Rührbesen des Handrührgeräts schaumig schlagen. Orangenabrieb, Eigelb und zuletzt die Mehl-Nuss-Mischung zufügen. Mit den Händen rasch verkneten, bis ein glatter Teig entsteht. Teig zu einer Kugel formen und in Frischhaltefolie gewickelt für mind. 1 Std. im Kühlschrank ruhen lassen.

Für die Füllung Marmelade mit Orangenabrieb mischen. Für die Streusel Butter schmelzen und abkühlen lassen. Marzipan sehr fein reiben und mit Zucker, zerbröselten Mandelblättchen, Orangensaft und der zerlassenen Butter vermengen. Eiweiß verquirlen, zufügen und alles zu einer feuchten Streuselmasse mischen.

Den Backofen auf 180 °C vorheizen, Backblech mit Backpapier auslegen. Teig auf der bemehlten Arbeitsfläche ca. 3 mm dick ausrollen, nach Belieben Kreise ausstechen und auf das Blech legen. Die Hälfte mit der Füllung bestreichen, dann je einen zweiten Kreis daraufsetzen. Mit Streuseln garnieren und ca. 14 Min. goldbraun backen. Herausnehmen und auf einem Kuchengitter abkühlen lassen. Mit Haselnüssen garnieren und die Kekse mit Zierband zu kleinen Türmchen binden.

Meine Eltern erzählen mir oft von den zart blühenden Mandelbäumen und deren betörenden Duft in ihrer Heimat Sizilien. So etwas macht Lust, Zutaten zu verwenden, die glückliche Erinnerungen daran wecken. Diese Tarte wird auch Sie glücklich machen, denn der zarte Mandelgeschmack und die Liaison aus der Creme und den luftigen Baisers sind eine Meditation für die Sinne.

Crostata alla crema
ITALIENISCHE MANDELTARTE

FÜR 1 TARTEFORM (Ø 24 CM)

Für den Teig:
300 g Mehl
1 Prise Backpulver
120 g brauner Zucker
1 Prise Salz
150 g kalte Butter, in Stücken
Abrieb von 1 Bio-Zitrone
2 Eigelb, 1 Ei

Für die Füllung:
3 Eigelb
3 EL Zucker
1 Pck. Vanillezucker
3 EL Mehl
300 ml Milch
50 ml Mandelmilch
2 cl Amaretto
ca. 20 Baisertuffs (selbst gemacht s. S. 56 oder gekauft)
200 g Mandelblättchen

Für die Garnitur:
Zuckerperlen und -paste
9 Baisertuffs (selbst gemacht s. S. 56 oder gekauft)

Außerdem:
Butter für die Form
Puderzucker zum Bestäuben

Mehl, Backpulver, Zucker und Salz mischen. Butter zugeben und alles mit den Fingern krümelig verreiben. Zitronenabrieb, Eigelbe und Ei zufügen und mit den Händen rasch zu einem geschmeidigen Teig verkneten. Zu einer Kugel formen und in Frischhaltefolie gewickelt ca. 30 Min. in den Kühlschrank legen.

Für die Füllung Eigelbe, Zucker und Vanillezucker verrühren. Mehl sieben, zugeben und rühren, bis die Masse schön glänzt. In einem kleinen Topf Milch, Mandelmilch und Amaretto lauwarm erhitzen. ⅓ der Milch in die Eier-Zucker-Masse gießen und gut verrühren, dann die Masse mit der restlichen Milch im Topf vermengen. Bei mittlerer Hitze unter ständigem Rühren mit dem Schneebesen zum Köcheln bringen. Sobald die Creme kocht, unter ständigem Rühren weitere 1–2 Min. köcheln lassen. Warm in eine Schüssel füllen, mit Frischhaltefolie abgedeckt ca. 1 Std. abkühlen lassen. Ab und zu umrühren, damit sich keine Haut bildet.

Den Backofen auf 180 °C vorheizen und die Form einfetten. Teig in zwei Portionen teilen, die eine Portion in die Form geben, dabei einen Rand formen. Creme auf den Teigboden streichen. Baisers mit den Fingern zerbröseln und gleichmäßig auf der Creme verteilen. Die zweite Portion 3 mm dick ausrollen, mithilfe eines Glases Kreise ausstechen und diese überlappend auf dem Kuchen verteilen, bis er vollständig gedeckt ist. Mandelblättchen daraufstreuen und den Kuchen 40–45 Min. backen.

Tarte aus dem Ofen nehmen und abkühlen lassen. Mit Puderzucker bestäuben. Zuckerperlen mit Zuckerpaste auf die Baisertuffs kleben und die Tarte mit den Tuffs verzieren.

Ich mag an Himbeeren nicht nur ihren Geschmack, sondern auch ihre wunderschöne kräftige Farbe. Es bereitet mir in der Küche viel Spaß, die Farbe, die ich im Kopf habe, beim Backen und Kochen durch die Verwendung und Kombination verschiedener Früchte zu erreichen. Wenn ich Lust auf Rosa und Pink habe, ist die Himbeere meine Lieblingsfrucht.

Luftige Ofenküchlein
MIT HIMBEERMOUSSE

FÜR 30–40 KÜCHLEIN

Für den Teig:
60 g Butter, in Stücken
1 EL Zucker
1 Prise Salz
250 ml lauwarmes Wasser
125 g Mehl
2–3 Eier (Größe M)

Für die Füllung:
30–50 g frische Himbeeren
3 EL Puderzucker
Saft von ½ kleinen Limette
100 g Mascarpone
50 ml Sahne

Außerdem:
Vanillepuderzucker (s. S. 12; alternativ Puderzucker) zum Bestäuben
farbiger Kristallzucker nach Belieben

In einem Topf Butter, Zucker, Salz und Wasser kurz zum Kochen bringen. Topf vom Herd nehmen und das Mehl komplett zufügen, zuerst vorsichtig unterheben, danach kräftig vermengen. Topf zurück auf den Herd stellen. Den Teig bei mittlerer Hitze unter ständigem Rühren erhitzen, bis er sich als Kloß vom Topfrand löst. Weitere 1–2 Min. rühren, bis auf dem Topfboden eine weiße Schicht entsteht (das nennt sich „abgebrannt" und ist wichtig für das Gelingen des Gebäcks). Teig in eine kalte Schüssel geben und kurz abkühlen lassen.

Den Backofen auf 180 °C vorheizen, Backblech mit Backpapier auslegen. Eier leicht verquirlen und einzeln unter den Teig rühren, bis er schön glatt ist. Er darf weder zu fest noch zu weich werden, deshalb spielt die Größe der Eier eine entscheidende Rolle. (Das letzte Ei eventuell nur teilweise zufügen. Ist der Teig immer noch zu trocken, einen weiteren Teil zufügen.) Mithilfe von zwei Löffeln auf das Blech kleine Teighäufchen setzen. Achten Sie auf den Abstand, da die Küchlein stark aufgehen. Alternativ kann der Teig mit einem Spritzbeutel in beliebigen Formen aufs Blech gespritzt werden. 20–25 Min. goldgelb backen. (Wichtig: In den ersten 15 Min. nicht die Ofentür öffnen, da das Gebäck sonst zusammenfällt.) Herausnehmen, sofort aufschneiden und auf einem Kuchengitter abkühlen lassen.

Für die Füllung Himbeeren waschen und trocken tupfen, mit Puderzucker und Limettensaft pürieren. Mascarpone zufügen und kräftig rühren. Sahne steif schlagen und unterheben. Mind. 2 Std. kühl stellen. Ofenküchlein mit der Himbeermousse füllen. Mit Vanillepuderzucker bestäuben und mit frischen Himbeeren anrichten, ggf. noch mit farbigem Kristallzucker bestreuen.

Da bei uns zu Hause zweierlei Cantuccini gebacken werden, nämlich die dunklen mit Schokolade und Macadamianüssen (s. S. 15) und die hellen mit gerösteten Mandeln, nennen wir unsere helle Variante „blonde Cantuccini". Sie sind nicht nur blond, sondern auch lecker und in einer Vorratsdose mehrere Wochen lang haltbar.

Blonde Cantuccini
MIT GERÖSTETEN MANDELN

FÜR CA. 50 CANTUCCINI
200 g Mandeln
200 g brauner Zucker
1 Pck. Vanillezucker
2 Eier
300 g Mehl
110 g kalte Butter, in Stücken

Außerdem:
Mehl zum Verarbeiten

Den Backofen auf 200 °C vorheizen. Mandeln auf einem Backblech (vorzugsweise mit Löchern) verteilen und ca. 5 Min. rösten. Herausnehmen und abkühlen lassen.

Zucker, Vanillezucker und Eier schaumig rühren. Mehl und Butter zufügen und alles zu einem Teig verkneten. Die Mandeln untermengen und mit den Händen kneten, bis der Teig glatt ist.

Den Backofen auf 190 °C vorheizen, Backblech mit Backpapier auslegen. Teig auf einer leicht bemehlten Arbeitsfläche zu drei Laiben (je 5–6 cm Breite) formen, auf dem Blech ca. 20 Min. backen. Herausnehmen und 5 Min. abkühlen lassen. Ofentemperatur auf 150 °C reduzieren. Laibe mit einem großen scharfen Messer vorsichtig in 2 cm dicke Stücke schneiden, diese noch einmal ca. 15 Min. goldgelb backen. Herausnehmen und auf einem Kuchengitter abkühlen lassen.

➡ **MEIN TIPP:** Wer mag, kann anstelle von braunem Zucker Aromazucker (s. S. 12) verwenden oder ihn teilweise dadurch ersetzen. Ich habe Cantuccini schon mit Rosen- und Orangenzucker gebacken – auch sehr lecker!

Ich liebe Baiser, weil es fluffig-leicht, süß und einfach köstlich ist. Für die Augen sieht diese Leichtigkeit fast wie eine Ballerina aus, die elegant über die Bühne schwebt. Baisertorten sind nicht nur lecker, sondern ein wahres Backvergnügen. Am Anfang braucht es etwas Geduld und Übung, aber die Entstehung einer solchen Kreation lässt das Herz höherschlagen und das Resultat ist ein Augenschmaus für jede Tafel.

Baisertorte
„TRAUM IN WEISS"

FÜR 1 TORTE (Ø 15 CM)

Für die Baisers:
4 Eiweiß
1 Prise Salz
200 g Zucker
2 TL Vanillezucker
1 TL Weißweinessig
4 TL Speisestärke

Für die Füllung:
3 weiße Pfirsiche
200 ml Sahne
1 EL Puderzucker
Mark von 1 Vanilleschote

Außerdem:
weiße Zuckerperlen und Blüten zum Garnieren

Auf Backpapier, z. B. mithilfe der Tortenplatte, drei Kreise (Ø 15 cm) zeichnen. Backpapier mit den gezeichneten Kreisen nach unten auf das Backblech legen. Den Backofen auf 180 °C vorheizen. Eiweiße mit Salz steif schlagen. Zucker und Vanillezucker einrieseln lassen und so lange schlagen, bis die Masse glänzt und fest ist. Essig und Speisestärke unterrühren. Die Masse in einen Spritzbeutel mit großer Öffnung (rund oder verziert) füllen und sorgfältig auf die gezeichneten Kreise spritzen. (Übrig gebliebene Masse für Mini-Baiserküsse verwenden. Hierfür einfach nach Belieben Tupfen aufs Blech spritzen.)

Ofentemperatur auf 100 °C reduzieren und die drei Böden ca. 1 ¼–1 ½ Std. backen. Die Baisers sollten trocken sein, sich aber nicht bräunlich färben. Im ausgeschalteten Ofen bei leicht geöffneter Tür abkühlen lassen. Vorsichtig vom Backpapier lösen und einen Kreis als Boden auf die Tortenplatte legen.

Für die Füllung die Pfirsiche waschen, schälen und in sehr kleine Stücke schneiden. Sahne mit Puderzucker und Vanillemark steif schlagen, Pfirsichstücke untermischen. ⅓ der Füllung sorgfältig auf dem Baiserboden verteilen. Zweiten Boden darauflegen, weiteres Drittel der Pfirsich-Sahne-Mischung darauf streichen. Dritten Boden obenauf legen, nochmals eine Pfirsich-Sahne-Schicht darauf verteilen. Die Torte mit Mini-Baiserküssen, Zuckerperlen und Blüten garnieren.

➤➤ **MEIN TIPP:** Wenn Sie zu viele Baiserküsse gebacken haben, schmecken diese mit einer leckeren Ganache (s. S. 56) wunderbar. Einfach auf einer kleinen Etagere zum Kaffee servieren.

In der Einfachheit liegt die Schönheit, sagt man so schön. Beim Backen ist es ebenfalls oft so, dass die einfachsten Zutaten das beste Ergebnis bringen. In diesem Rezept gilt der Spruch auch für die Backformen, da ich einfach schlichte kleine Tontöpfe für das Backen der Landbrote verwendet habe.

Kräuter-Landbrötchen
IM TONTOPF

FÜR CA. 750 G
500 g Mehl
1 EL Zucker
1 ½ TL Salz
1 EL Kräuter der Provence
20 g frische Hefe
325 ml lauwarmes Wasser
1 EL Olivenöl
100 g Speckwürfel nach Belieben

Außerdem:
Butter für die Tontöpfe
Mehl zum Verarbeiten
und Bestäuben
grobes Meersalz zum Bestreuen

Mehl, Zucker, Salz und Kräuter in einer Schüssel mischen, in der Mitte eine Mulde formen. Hefe zerbröseln, in dem Wasser auflösen, Öl zufügen und alles in die Mulde gießen. Teig gründlich kneten, bis er glatt und geschmeidig ist. Nach Belieben Speckwürfel zugeben. Abgedeckt an einem warmen Ort ca. 1 ½ Std. gehen lassen.

Töpfe großzügig mit Butter einfetten. Teig auf der bemehlten Arbeitsfläche je nach Größe der Töpfe zurechtschneiden und bis ca. 3 cm unter den oberen Rand der Töpfe füllen. Nochmals ca. 30 Min. gehen lassen. Oberfläche mit etwas Wasser bepinseln, Brötchen mit Mehl bestäuben (sieht später schön rustikal aus) und mit Meersalz bestreuen.

In den kalten Ofen schieben und auf der untersten Schiene bei 220 °C 20–50 Min. backen. Die Backzeit ist abhängig von der Tontopfgröße! Die Brote sind durchgebacken, wenn sie goldbraun sind und beim Klopfen hohl klingen. Herausnehmen, abkühlen lassen und wenn möglich im Tontopf lassen. Sieht schöner aus und der Effekt auf der Tafel ist größer.

➞ **MEINE TIPPS:** Sie können den Teig in einem Durchgang in unterschiedlich großen Tontöpfen backen, dann aber auf die Backzeiten achten. Ich schiebe größere Töpfe nach hinten und backe kleinere weiter vorne, das klappt prima. Wenn Sie Ihre Gäste überraschen wollen, backen Sie in richtig kleinen Töpfen. Diese dann nach Belieben mit Bändern oder Schnur schmücken und auf die Tafel stellen.

Rustico Toastbrot

Zum Frühstück, Brunch oder Abendbrot: Frisches, selbst gebackenes Brot ist immer lecker. Alle Brotsorten, ob Vollkornbrot, Hefezopf oder dieses Toastbrot, duften beim Backen herrlich und der Geruch verteilt sich im ganzen Haus und macht hungrig.

Rustico-Toastbrot
FRISCH GEBACKEN

FÜR 1 KASTENFORM (22 CM)
150 ml Milch
30 ml Rapsöl
20 g frische Hefe
500 g Vollkornmehl
50 g Samenmischung (z. B. Sesam, Leinsamen und Sonnenblumenkerne)
2 TL Salz
2 TL brauner Zucker
2 EL Apfelkompott (selbst gemacht s. S. 98 oder gekauft)

Außerdem:
Mehl zum Verarbeiten und Bestäuben
1 EL Sahne oder Milch zum Bestreichen

Milch, 150 ml Wasser und Öl in einem Topf lauwarm erhitzen, Hefe zerbröseln und darin auflösen. Mehl, Samenmischung, Salz, Zucker und Apfelkompott zufügen und mit bemehlten Händen mind. 10 Min. verkneten, bis der Teig glatt und geschmeidig ist. Mit einem Geschirrtuch abdecken und an einem warmen Ort ca. 1 ½ Std. gehen lassen. Form mit Backpapier auslegen, den Teig nochmals durchkneten und in der Form abgedeckt für weitere 45 Min. gehen lassen.

Den Backofen auf 220 °C vorheizen. Teig mit Sahne oder Milch bestreichen, mit etwas Mehl bestäuben. In den Ofen stellen, die Temperatur sofort auf 200 °C reduzieren und das Brot 50–60 Min. backen. Klopfen Sie mit dem Fingerknöchel gegen die Kruste, wenn es hohl klingt, ist es perfekt gebacken. Herausnehmen und auf einem Kuchengitter abkühlen lassen.

➜ **MEIN TIPP:** Das Rustico-Toastbrot, mit Backpapier und Schnur verpackt, ist auch ein schönes Mitbringsel.

Rosenträume & Gartenzauber

Wenn ich viel Zeit in der Gartenküche verbringe, entstehen viele Rezepte mit meinen Lieblingszutaten. Ich liebe Blumen, vor allem englische Rosen, die nicht nur in der Vase, sondern auch in Gebäck verarbeitet ganz zauberhaft sind. Aber auch Beeren, Äpfel, Holunder, Kräuter und vieles mehr bereichern meine Backideen. Alles reine Glücklichmacher!

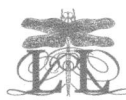

Spätestens wenn die ersten Brombeeren im Garten reif sind, gibt es bei uns diese köstliche Süßigkeit, die für Augen und Gaumen ein Schmaus ist. Ein Päckchen Vol-au-vents habe ich immer vorrätig und daraus kann man, auch wenn's einmal schnell gehen muss, eine köstliche Süßigkeit zaubern.

Vol-au-vents
MIT MASCARPONECREME UND BEEREN

FÜR 4 PORTIONEN
250 g Beeren
(z. B. Brom- und Heidelbeeren)
150 g Mascarpone
150 g Magerquark
1 Pck. Vanillezucker
4 EL Zucker
150 ml Sahne
4 Vol-au-Vents (Fertigprodukt)

Außerdem:
Beerenblätter, Zweige, Blüten und bunter Zucker zum Dekorieren
Puderzucker zum Bestäuben

Beeren waschen und abtropfen lassen. Mascarpone, Quark, Vanillezucker und Zucker zu einer Creme verrühren. Sahne steif schlagen und sorgfältig unterheben. Einige Brombeeren zerstampfen und unter die Creme rühren, sodass die Creme sich leicht verfärbt. Ein paar Beeren für die Dekoration beiseitelegen, die restlichen Beeren unter die Creme rühren. Abgedeckt mind. 30 Min. in den Kühlschrank stellen.

Die Deckel der Vol-au-vents abschneiden. Die Mascarponecreme in die unteren Hälften füllen, mit Blättern, Beeren und Zweigen dekorieren, die Deckel auflegen und alles mit Puderzucker bestäuben. Den Teller nach Gusto mit buntem Zucker dekorieren.

➤ **MEIN TIPP:** Auch mit Eis gefüllt schmecken Vol-au-vents köstlich. Dazu passt Schokoladensoße.

MEINE IDEE: Kleine Brombeer-Blumensträußchen

♥ Sie brauchen: Blumen, Brombeerzweige, Schere oder Messer, Wasserglas, Tortenspitze, Glasuntersetzer, Perlenkette, kleine nostalgische Accessoires (z. B. gehäkelte Rosen)

♥ So wird's gemacht: Blumen und Brombeerzweige kurz schneiden, dabei jeweils die unteren Blätter entfernen. Sträußchen binden und in ein Glas mit Wasser stellen. Auf die Tortenspitze einige Glasuntersetzer legen. Das Sträußchen daraufstellen und nostalgisch mit einer Perlenkette und kleinen Accessoires dekorieren.

Diese Torte ist ein sanfter Traum aus Vanillepudding. An warmen Sommertagen, wenn der Ofen nicht unbedingt angeschaltet werden muss, finde ich diese Tortenvariante toll. Kalt serviert schmeckt sie am besten und die Zuckerkristalle der kandierten Rosen zergehen auf der Zunge.

Puddingtorte
MIT RHABARBER UND ERDBEEREN

FÜR 1 SPRINGFORM (Ø 18 CM)
500 g Rhabarber
2–3 EL Zucker + ggf. etwas mehr
150 g Zwieback
4 EL Erdbeer-Rhabarber-Marmelade (s. S. 102)
250 g Erdbeeren
1 Pck. Vanillepuddingpulver
500 ml Milch

Außerdem:
Puderzucker zum Bestäuben
kandierte Rosen (s. u.) und
Schleifenband zum Dekorieren

Rhabarber schälen und in kleine Stücke schneiden. Mit dem Zucker in eine Pfanne geben, zugedeckt langsam aufkochen und knapp weich garen. Je nach Säuregehalt des Rhabarbers muss eventuell am Schluss noch etwas Zucker zugefügt werden. Abkühlen lassen.

Boden und Seiten der Springform mit Zwieback belegen, dabei teilweise zerbrechen. Den Zwieback mit Marmelade bestreichen und die Hälfte des ausgekühlten Rhabarberkompotts darauf verteilen. Erdbeeren waschen, entkelchen, halbieren und auf dem Rhabarberkompott verteilen. Anschließend alles mit einer zweiten Schicht Zwieback belegen und darauf die andere Hälfte des Rhabarberkompotts verstreichen. Puddingpulver nach Packungsanleitung mit der Milch aufkochen und sofort über den geschichteten Rhabarberkompott in die Springform gießen. Mind. 2 Std. kalt stellen.

Puddingtorte aus der Springform nehmen, mit Puderzucker bestäuben und mit kandierten Rosen und Schleifenband dekorieren.

MEINE IDEE: Kandierte Rosen

♥ Sie brauchen: unbehandelte Rosen, 1 Eiweiß, reichlich Zucker, Backpinsel, Kuchengitter

♥ So wird's gemacht: Den Backofen auf 50 °C vorheizen. Rosenblüten waschen und gut abtropfen lassen. Mit Küchenpapier trocken tupfen und die Stiele entfernen. Eiweiß mit einer Gabel leicht aufschlagen. Rosenblüten vorsichtig mit dem Eiweiß bepinseln und sofort in reichlich Zucker legen, zusätzlich mit Zucker bestreuen und anschließend auf ein Kuchengitter legen. Rosen nebeneinander auf einem mit Backpapier ausgelegten Backblech platzieren. Im heißen Ofen ca. 1 Std. trocknen lassen. Ofentür ab und zu öffnen. Rosen herausnehmen und abkühlen lassen.

Eine erfrischende Limonade mit vitaminreichen Zutaten ist nicht nur lecker, sondern sieht auf einer sommerlichen Tafel auch hübsch aus. Pink Grapefruit gehört zu meinen Lieblingszitrusfrüchten. Allein die Farbe regt den Appetit an.

Rosé Limonade
MIT PINK GRAPEFRUIT

FÜR CA. 1,5 L
6 Bio-Zitronen
2–3 Bio-Pink-Grapefruits
5 EL Zucker
1 l eisgekühltes Mineralwasser mit Kohlensäure

Außerdem:
Pink-Grapefruit- und Zitronenscheiben zum Garnieren

Früchte heiß abwaschen, halbieren und den Saft auspressen. Saft in einen eisgekühlten Krug füllen, Zucker zufügen und verrühren. Mit Mineralwasser auffüllen und einige Pink-Grapefruit-Scheiben und Zitronenscheiben als Deko hineingeben. Kalt stellen.

➜ **MEIN TIPP:** Limonade mit Rosen- und Minzeiswürfeln servieren. Dafür Minzblättchen klein schneiden, essbare Rosenblätter in Stücke zupfen und beides in einen Eiswürfelbehälter füllen. Mit Wasser auffüllen und im Tiefkühlfach gefrieren lassen.

MEINE IDEE: Rosen-Deko für Krug und Gläser

♥ Für den Krug: Kartonpapier, Stift, Schere, Rosen, Schleierkraut, Reagenzglas aus Kunststoff (Floristik-Artikel), Dekoband (z. B. aus Spitze oder Organza), Stecknadel mit Perle, Häkelrose oder Rose aus Textil
Für die Gläser: Seidenpapier, Schere, Dekoband (z. B. aus Organza)
♥ So wird's gemacht: Für den Krug auf Kartonpapier ein Schildchen (z. B. in Libellenform) zeichnen, ausschneiden und beschriften. Rosen und Schleierkraut zu einem Mini-Strauß binden und diesen in das mit Wasser gefüllte Reagenzglas stecken. Glas mit Dekoband umwickeln, dieses mit der Stecknadel fixieren. Band um den Krug binden und den Strauß und die Rose daran befestigen. Das beschriftete Schildchen dazustecken.
Für die Gläser Pfingstrosen aus Seidenpapier basteln: Dafür acht Seidenpapierstreifen übereinanderlegen und zu einem Fächer falten. Kanten rund schneiden. Mit einem Stück Band in der Mitte zusammenbinden, das Band nicht zu kurz abschneiden, damit die Rose um den Glasfuß gebunden werden kann. Die gefalteten Laschen auseinanderziehen und die Seidenpapierschichten sorgfältig einzeln zur Mitte hochziehen. Pfingstrosen am Glas festbinden.

Als Kind backte uns meine Mama oft Apfelschnecken. Da ich Rosen über alles liebe, habe ich als Variation diese Apfelrosen kreiert. Es ist fast zu schade, diese Delikatessen zu essen, weil sie so schön sind und sich damit eine romantische Tafel perfekt krönen lässt. Frisch schmecken die Apfelrosen am besten.

Apfelrosen
AUS BLÄTTERTEIG

FÜR 5–6 ROSEN
2 Bio-Äpfel
Saft von 1 kleinen Zitrone
2 EL brauner Zucker
1 TL Zimt
1 Rolle Blätterteig (Kühlregal)
1 Eigelb
1 EL Milch
1 EL brauner Rohrzucker

Außerdem:
Butter zum Braten
Puderzucker zum Bestäuben

Äpfel waschen, vom Kerngehäuse befreien und in dünne Scheiben schneiden. Apfelscheiben in einer Schüssel mit Zitronensaft, Zucker und Zimt mischen und in einer Pfanne in etwas Butter anbraten, bis sie weich sind und gut verarbeitet werden können. Mit 2 EL Wasser ablöschen, Pfanne vom Herd nehmen, abkühlen lassen und den Saft abgießen.

Den Backofen auf 200 °C vorheizen, Backblech mit Backpapier auslegen. Blätterteig in ca. 4 cm breite Streifen schneiden, Apfelscheiben in die Mitte der Blätterteigstreifen horizontal in eine Reihe mit der Rundung nach oben legen und anschließend den unteren Teil des Blätterteigs falten. Dann sorgfältig aufrollen und die Apfelrosen vorsichtig auf das Blech legen. Eigelb mit Milch verquirlen, die Blätterteigspitzen damit bestreichen und mit Rohrzucker bestreuen. Backofentemperatur auf 180 °C reduzieren und die Apfelrosen ca. 20 Min. backen. Herausnehmen, abkühlen lassen und mit Puderzucker bestäuben.

➡ **MEIN TIPP:** Sie können die Apfelrosen mit Apfelschnitzen mit oder ohne Schale backen. Apfelrosen mit einer roten Schale sehen besonders hübsch aus.

„An apple a day keeps the doctor away", lautet ein beliebtes Sprichwort. Jaaa, Äpfel sind gesund und Apfelkompott passt zu jeglichem Gebäck. Unser Apfelbaum mit süßsäuerlichen Äpfeln beschenkt uns im Herbst mit einer großzügigen Ernte und daraus mache ich jedes Jahr Kompott. Der Geruch, der während des Kochens entsteht, macht Appetit auf einen gesunden Snack. Apfelkompott können Sie pur genießen, mit Joghurt vermischen, in Gebäck verarbeiten oder zum Verfeinern anwenden (s. S. 87, 173).

Apfelkompott
MIT SELBST GEPFLÜCKTEN ÄPFELN

FÜR 2–3 PORTIONEN
500 g Äpfel (vorzugsweise säuerliche oder süßsäuerliche Sorte)
1–2 EL Zitronensaft
ca. 50 g brauner Zucker (nach Geschmack und Apfelsorte kann es mehr oder weniger sein)
1 Vanilleschote

Äpfel schälen, vom Kerngehäuse befreien, grob würfeln und mit etwas Zitronensaft beträufeln. In einen Kochtopf geben, 5 EL Wasser, Zucker und Vanilleschote zufügen und zugedeckt kurz zum Kochen bringen. Bei geringer Hitze ohne Deckel 10 – 15 Min. (je nach Apfelsorte) kochen lassen, bis die Apfelwürfel weich sind. Achtung, sie sollten nicht alle zerfallen, es soll kein Mus werden. Kompott vom Herd nehmen, Vanilleschote herausnehmen, abkühlen lassen.

➔ **MEIN TIPP:** Ich koche gerne größere Mengen Apfelkompott, denn frisches Kompott kann gut eingefroren werden und ist dann einige Monate lang haltbar. Abgekühltes Kompott in Tiefkühldosen füllen (Achtung, nicht bis zum Rand befüllen, sondern ca. 2 cm Platz lassen) und anschließend einfrieren.

Rosenwasser ist etwas ganz Besonderes. Ich verwende es auf vielfältige Weise und backe auch gerne damit. Das Gebäck wird damit köstlich verfeinert und bekommt eine spezielle Note. Die Miniküchlein eignen sich übrigens auch für Liebesbotschaften, indem kleine Briefe aufgerollt im Gugel versteckt werden. Möchten Sie Ihrem Schatz eine Überraschung machen und eine Einladung oder einen Gutschein darin verstecken?

Mini-Gugelhupfe
MIT ROSENWASSER

FÜR CA. 15 GUGELHUPFE
Für den Teig:
50 g zimmerwarme Butter
50 g Zucker
1 Pck. Vanillezucker
1 Ei
3 EL Rosenwasser (Reformhaus)
50 g Mehl
1 TL Backpulver

Für die Glasur:
50 g Puderzucker
2 EL Rosenwasser (Reformhaus)
1 EL Kokosflocken

Außerdem:
Butter für die Förmchen

Den Backofen auf 200 °C vorheizen. Butter, Zucker und Vanillezucker schaumig rühren. Ei und Rosenwasser verquirlen, zufügen und weiterrühren. Mehl und Backpulver mischen, sieben und nach und nach zufügen. Rühren, bis die Masse hell wird.

Butter zerlassen und die Backformen gut einfetten. Gleichmäßig mithilfe von zwei Teelöffeln zu ⅔ füllen und 15–18 Min. backen. Aus dem Ofen nehmen, in den Förmchen abkühlen lassen und danach sehr vorsichtig herausnehmen. (Achtung, der Teig ist sehr luftig und bricht schnell.)

Puderzucker sieben und mit dem Rosenwasser mischen. Mini-Gugel großzügig mit der Rosenzuckerglasur überziehen und mit Kokosflocken bestreuen. Auf einem Teller trocknen lassen und frisch genießen.

➡ MEIN TIPP: Wenn Ihnen der Rosengeschmack in der Glasur zu intensiv ist, schmecken die Gugel auch mit einer Glasur aus weißer Schokolade.

Ist es nicht herrlich, ein Stück Sommer im Einmachglas zu haben und an kälteren Tagen vom nächsten farbenprächtigen Sommer zu träumen? Die Erdbeer-Rhabarber-Marmelade mit dem sanften Rosengeschmack ist nicht nur als Brotaufstrich Balsam für die Zunge, sondern eignet sich auch zum Verfeinern von Kuchen, Scones und mehr.

Erdbeer-Rhabarber-Marmelade
AUS FRISCHEM OBST

FÜR CA. 950 G
400 g Rhabarber
1 Bio-Zitrone
400 g Zucker
600 g reife Erdbeeren
100 g Rosenzucker (s. S. 12)
10 ml Rosensirup (selbst gemacht s. S. 105 oder gekauft)

Für die Marmelade Rhabarber putzen und waschen, die äußeren Fasern abziehen. In ca. 1 cm lange Stücke schneiden und in eine Schüssel geben. Zitrone heiß abwaschen, Saft auspressen und über den Rhabarber träufeln. Die ausgepressten Zitronenhälften beiseitelegen. Die Hälfte des Zuckers zufügen und alles ca. 30 Min. ziehen lassen.

Erdbeeren waschen, entkelchen und fein würfeln. In einem Topf unter ständigem Rühren zum Kochen bringen. Einige Min. bei mittlerer Hitze köcheln lassen. Rhabarbermasse, restlichen Zucker, Rosenzucker, Rosensirup und Zitronenhälften zufügen und alles bei mittlerer Hitze ca. 1 Std. köcheln lassen, bis die Marmelade andickt und die gewünschte Konsistenz erreicht. Ab und zu umrühren. Zitronenschalen herausnehmen und die heiße Marmelade in vorbereitete sterilisierte Einmachgläser füllen, sofort fest verschließen und auf den Kopf stellen. Abkühlen lassen.

Den Duft und das betörende Aroma des Rosengartens können Sie auch in Sirupfläschchen einfangen. Rosensirup ist eine prima Sommererfrischung für Sekt, Cocktails, Obstsalat und Tee und eignet sich zum Verfeinern von Süßigkeiten.

Rosensirup
HAUSGEMACHT

FÜR CA. 800 ML
70 g essbare, duftende Rosenblätter (alternativ ca. 3 EL getrocknete Rosenblätter)
Saft von 1 Bio-Zitrone
500 g Zucker

Für den Sirup Rosenblätter in einem Topf mit 500 ml Wasser, Zitronensaft und Zucker unter ständigem Rühren aufkochen. Topf vom Herd nehmen und zugedeckt ca. 24 Std. ziehen lassen. Sirup nochmals aufkochen. Noch heiß sieben und in vier saubere, heiß ausgespülte Flaschen bis knapp unter den Rand füllen. Sofort fest verschließen und abkühlen lassen.

➻ **MEIN TIPP:** Rosensirup kühl aufbewahren. Wenn Sie ein Fläschchen öffnen, unbedingt in den Kühlschrank stellen und innerhalb weniger Tage konsumieren. Der Sirup in den kleinen Flaschen ist auch ein süßes Geschenk (s. u.), dazu einige farblich passende Rosen mitbringen … herrlich!

MEINE IDEE: Rosensirup in Rot-Weiß

- Sie brauchen: kleine Flaschen für den Sirup, Leinenstoffreste, Schere, Dekokordel, Papier, Stift, Basteldraht, Perlen
- So wird's gemacht: Stoffstücke auf die Verschlüsse der Flaschen legen, mit Dekokordel festbinden. Aus Papier kleine Etiketten schneiden, beschriften, ebenfalls mit Kordel fixieren. Zum Verzieren Perlen auf Draht ziehen, Flaschen damit umwickeln.

Shortbread stammt aus Schottland und ist ein süßes mürbes Buttergebäck, welches gerne zum klassischen Afternoon Tea gereicht wird. Die verbreitetste Form sind die quaderförmigen, fingerlangen Shortbread Fingers. Ich habe das Rezept und die Form etwas verändert, und das Teekännchen- und Rosen-Shortbread wird bei Ihren Gästen sicher für Bewunderung sorgen.

Shortbread
MIT ROSENZUCKER

FÜR CA. 30 STÜCK
160 g Mehl
120 g kalte Butter, in Stücken
50 g Zucker
20 g Rosenzucker (s. S. 12)
1 Prise Salz

Außerdem:
Mehl zum Verarbeiten
Rosenzucker zum Panieren

Mehl, Butter, Zucker, Rosenzucker und Salz in eine Schüssel geben und mit den Händen zu einem krümeligen Teig reiben, anschließend rasch verkneten, bis der Teig schön glatt ist. Auf der bemehlten Arbeitsfläche ca. 5 mm dick ausrollen und mit einer Ausstechform die gewünschten Formen ausstechen. Auf eine große Platte schichten, lagenweise mit Backpapier getrennt, und ca. 40 Min. in den Kühlschrank stellen.

Den Backofen auf 170 °C vorheizen. Shortbread aus dem Kühlschrank nehmen und auf einem mit Backpapier ausgelegten Backblech ca. 10 Min. backen. Sehr braun sollte es nicht werden, sondern hell bleiben (keine Angst, es wird trotzdem sehr knusprig).

In der Zwischenzeit Rosenzucker auf einen Teller streuen, Shortbread aus dem Ofen nehmen und kurz abkühlen lassen. (Achtung, die Kekse sind sehr brüchig.) Dann noch warm kopfüber in den Rosenzucker tauchen. Auf einem Kuchengitter abkühlen lassen.

➡ **MEINE TIPPS:** Shortbread zu Tee servieren und genießen. In einer Dose bleibt es mehrere Wochen frisch, aber am selben Tag schmeckt es am besten. Wer Rosenzucker nicht mag, kann das Rezept mit Zitronen-, Lavendel- oder Vanillezucker zubereiten (s. S. 12).

Ein Trendsetter für den Sommer ist Eis am Stiel. Denn ein Sommer ohne Eis ist einfach unvorstellbar, oder? Das Tolle an diesem Rezept ist, dass es auch ohne Eismaschine funktioniert. Joghurt, Früchte und Mandelmilch sind die Hauptdarsteller und dazu passt ein knuspriger Schoko-Baiser-Keks (s. S. 32) oder auch zwei oder drei ...

Joghurt-Beeren-Eis
AM STIEL

FÜR CA. 6 PORTIONEN
120 g frische Beeren (z. B. Brombeeren; alternativ TK-Beeren)
300 g griechischer Joghurt (alternativ Naturjoghurt)
Mark von 1 Vanilleschote
1 EL Rosenzucker (s. S. 12) oder Ihr Lieblingsaromazucker
2 EL Beerenmarmelade (selbst gemacht s. S. 102 oder gekauft)
1 EL Zitronensaft
100 ml Mandelmilch

Außerdem:
Einweglöffel als Eisstiele
Beeren und Haselnusskrokant zum Garnieren

Beeren waschen, abtropfen lassen und mit Küchenpapier trocken tupfen. Joghurt, Vanillemark, Rosenzucker, Marmelade und Zitronensaft mischen und beiseitestellen. Mandelmilch mit ¾ der Beeren vermengen und mit einem Stab- oder Standmixer zu einer leckeren Fruchtcreme pürieren. Die restlichen Beeren mit einer Gabel zu sehr kleinen Stücken zerdrücken und mit der Fruchtcreme unter die Joghurtmasse heben. (Wer keine Fruchtstücke im Eis mag, püriert alle Beeren und passiert sie.)

Joghurt-Frucht-Creme in Förmchen füllen (z. B. Muffinformen aus Silikon), jeweils mit Alufolie abdecken und je einen Einweglöffel als Stiel aufrecht durch die Alufolie in die Eiscreme stecken. 4–5 Std. ins Tiefkühlfach stellen, bis das Eis fest ist. Alufolie entfernen, Eis aus den Formen lösen, auf einem Teller mit frischen Beeren, Krokant und selbst gebackenen Keksen anrichten. So schmeckt der Sommer!

➜ MEINE TIPPS: Joghurteis können Sie mit vielen anderen Früchten herstellen. Es ist auch möglich, verschiedene Fruchtsorten zu mischen. Das Eis sollte nicht zu lange im Tiefkühlfach aufbewahrt werden, der Joghurt kristallisiert sonst und bleibt nicht cremig.

MEINE IDEE: Stoff-Wimpelkette

- Sie brauchen: alte Stoffhemden oder Geschirrtücher, Stoffschere, Nähmaschine, Faden, Band oder Schnur
- So wird's gemacht: Aus dem Stoff Dreiecke schneiden. Mit der Nähmaschine mit Zickzackstich die Längsseiten umnähen. Kurze Seiten oben ca. 2 cm umschlagen und festnähen, sodass ein Band oder eine Schur durchgezogen werden kann. Beliebige Anzahl Wimpeldreiecke auffädeln und aufhängen.

Als Kind habe ich Granita, eine italienische sorbetähnliche Süßspeise, im Sommerurlaub kennen- und lieben gelernt. In Ländern, wo es bereits morgens sehr warm ist, wird eine erfrischende Granita häufig als Frühstück zusammen mit Brioches (s. S. 72) gereicht. Die traditionelle Granita wird mit frisch gepresstem Zitronensaft zubereitet und im Kelchglas serviert. Mein Rezept ist mal anders, mit dem zarten Geschmack von Rosen.

Wassermelonengranita
MIT ROSENSIRUP

FÜR 4–6 GLÄSER
Für die Granita:
1 Bio-Limette
50 g Zucker
100 ml trockener Sekt
50 ml Rosensirup (selbst gemacht s. S. 105 oder gekauft)
ca. 1 kg Wassermelone

Außerdem:
Minzstängel und essbare Rosenblätter zum Garnieren
Strohhalme

Limette auspressen und beide Limettenhälften in Stücke schneiden. Limettensaft und -stücke, Zucker und 150 ml Wasser in einem Topf unter ständigem Rühren zum Kochen bringen und 2–3 Min. köcheln lassen. (Riecht erfrischend nach Sommer, ich liebe Limettenduft!) Saft in eine Schüssel aus Metall oder Plastik abseihen. Sekt und Rosensirup zufügen und alles abkühlen lassen.

Wassermelone in Stücke schneiden und mit einem Stabmixer fein pürieren. Mit der Sekt-Sirup-Mischung vermengen und gut verrühren. Die Masse 4–5 Std. tiefkühlen. Wichtig: Nach 1 Std. nochmals gut durchrühren, am besten mit einer Gabel. Dann alle 30 Min. das frisch entstandene Eis umrühren.

Vor dem Servieren nochmals mit einer Gabel durchrühren. In eisgekühlte Gläser füllen, mit Minzstängeln und Rosenblättern garnieren. Mit Strohhalmen und Löffeln servieren.

➜ **MEIN TIPP:** Wenn es elegant sein soll, serviere ich Granita gerne in Sektgläsern. Dazu ein Spritzer des edlen Getränks – köstlich!

MEINE IDEE: Bemalte Holzlöffel

- ♥ Sie brauchen: Einweglöffel (z. B. aus Bambus), Stift, farbige Schnur
- ♥ So wird's gemacht: Löffel mit einem Stift oben schön beschriften und mit farbiger Schnur verzieren.

Neues auszuprobieren ist spannend und so wird es nie langweilig in der Küche. Wie mit dieser sommerlichen Tiramisu-Variante, in der sich der italienische Klassiker statt mit Kaffee und Kakao mit frischen Stachelbeeren und fruchtigem Orangensaft in einem ganz neuen Look präsentiert.

Stachelbeer-Tiramisu
MIT ORANGENNOTE

FÜR CA. 4 PORTIONEN
500 g frische Stachelbeeren
(alternativ aus dem Glas)
12–16 Löffelbiskuits (selbst
gemacht s. S. 177 oder gekauft)
100 ml Orangensaft
4 EL Orangenlikör
ca. 500 ml Vanillecreme
(Fertigprodukt)
4 mittelgroße Baisers (selbst
gemacht s. S. 56 oder gekauft)

Außerdem:
unbehandelte Lavendelblüten und
Minzblättchen zum Garnieren

Stachelbeeren waschen, entstielen und beiseitestellen. Löffelbiskuits klein schneiden oder zerbröseln und in ein Glas oder eine kleine Schale füllen. (Unzerkleinert, im Glas stehend, sehen sie ebenfalls sehr hübsch aus.) Mit Orangensaft und Orangenlikör beträufeln.

Gläser oder Schalen zu ¼ mit Vanillecreme füllen, Stachelbeeren auf der Creme verteilen. Anschließend noch einmal Löffelbiskuits, Vanillecreme und Stachelbeeren hineinschichten. Mit Frischhaltefolie abgedeckt einige Std. kühl stellen. Vor dem Servieren Baisers zerbröseln und darüberstreuen und das Dessert mit Lavendel und Minze garnieren.

Im Sommer haben wir die Qual der Wahl und müssen uns zwischen allerlei frischen Beeren entscheiden. Himbeeren schmecken nicht nur lecker, sondern sind gesund und reich an Vitamin C. In Kombination mit cremiger Sahne und aromatischem Rosmarin schmecken die leuchtenden Beeren noch intensiver.

Himbeer-Rosmarin-Creme
MIT VANILLEPUDDING

FÜR 4–6 PORTIONEN

Für den Pudding:
5 Blatt Gelatine (9 g)
200 ml Sahne
350 ml Milch
4 Eigelb
100 g Zucker
1 Pck. Vanillezucker

Für die Creme:
100 g frische Himbeeren
(alternativ TK-Beeren)
25 g Puderzucker
1 TL Zitronensaft
150 g Naturjoghurt
125 ml Sahne
2 EL Beerenmarmelade (selbst gemacht s. S. 102 oder gekauft)
1 EL fein gehackter frischer Rosmarin

Für die Spieße:
12–18 Himbeeren
4–6 Rosmarinzweige

Außerdem:
Himbeeren zum Garnieren
Puderzucker zum Bestäuben
kandierte Rosen (s. S. 93)
nach Belieben

Für den Pudding Gelatine in kaltem Wasser einweichen. Sahne und Milch verrühren und in einem kleinen Topf erwärmen. Kurz vor dem Kochen in eine Schüssel gießen. Gelatine ausdrücken und in der warmen Flüssigkeit auflösen.

In einer zweiten Schüssel Eigelbe, Zucker und Vanillezucker schaumig schlagen, anschließend mit der Sahne-Milch-Mischung verrühren. Puddingformen mit kaltem Wasser ausspülen und sofort mit dem Pudding füllen. Abkühlen lassen und mind. 4 Std. kalt stellen.

Für die Creme Himbeeren abbrausen und gut abtropfen lassen. Einige Beeren beiseitelegen. Den Rest mit einem Stabmixer pürieren. Puderzucker und Zitronensaft unterrühren. Naturjoghurt zugeben. Sahne steif schlagen und mit Marmelade, restlichen Himbeeren und Rosmarin unter die Joghurt-Beeren-Masse heben. Abgedeckt mind. 1 Std. kalt stellen.

Währenddessen die Himbeer-Rosmarin-Spieße vorbereiten. Löcher in die Himbeeren stechen, dann jeweils 3 Himbeeren auf einen Rosmarinzweig ziehen. Kühl stellen.

Himbeer-Rosmarin-Creme in vier Gläser füllen, Vanillepudding daraufgeben und das Dessert mit den Himbeerspießen und weiteren Himbeeren garnieren. Mit Puderzucker bestäuben, nach Belieben mit kandierten Rosen verzieren und servieren.

➡ **MEIN TIPP:** Wenn Sie mögen, können Sie den Pudding auch mit Rosenzucker (s. S. 12) kochen, dadurch erhält er eine zarte blumige Note.

Dieses Gebäck wird auch Springerle genannt und bei uns in der Schweiz an Weihnachten traditionell mit Anis gebacken. Wer Anis nicht mag, kann die Plätzchen in einer anderen Geschmacksrichtung backen, z. B. Lavendel, Vanille, Ingwer … Für mich sind diese kleinen Süßigkeiten, die mit speziellen Formen geprägt werden, kleine Kunstwerke.

Lavendel-Gebäck
MIT PRÄGUNG

FÜR 20–25 PLÄTZCHEN (CA. Ø 5 CM)
200 g Puderzucker
2 Eier (ca. 100 g, Eier wiegen!)
25 g Lavendelpuderzucker (s. S. 12)
25 g Vanillepuderzucker (s. S. 12)
1 TL Kirschwasser
250 g Mehl
1 TL Lavendelblüten

Außerdem:
Mehl zum Verarbeiten und Bestäuben
Modelformen (z. B. für Springerle, Tragant oder Marzipan)

Puderzucker sieben. Puderzucker, Eier (zimmerwarm!), Lavendel- und Vanillepuderzucker 10–20 Min. schaumig schlagen, bis eine luftige Creme entsteht (mit einer Küchenmaschine funktioniert es am besten). Kirschwasser zufügen. Mehl sieben, Lavendelblüten in einem Mörser zerkleinern. Beides unterheben und den Teig ca. 10 Min. ruhen lassen.

Teig 8–10 mm dick zu einem Rechteck ausrollen und mit etwas Mehl bestäuben. Model zuerst gleichmäßig auf den Teig drücken (nicht zu schwach, aber auch nicht zu tief), das Bild mit einem passenden Ausstecher oder mit einem Messer ausschneiden und auf mit Backpapier ausgelegte Bleche legen. Teigreste jeweils mit feuchten Händen weiterverarbeiten, beim erneuten Ausrollen nicht zu viel Mehl verwenden. Bleche mit Geschirrtüchern abdecken und die Plätzchen an einem warmen, geschützten Ort 12–24 Std. (je nach Größe der Formen) trocknen lassen.

Den Backofen auf 150–160 °C vorheizen. Plätzchen mit etwas Mehl bestäuben (damit sie schön weiß bleiben) und auf der unteren Schiene 12–15 Min. hell backen, dabei eine Holzkelle in die Ofentür klemmen. Das Gebäck sollte nicht bräunen, dann wird es zu hart. Während des Backens gehen die Plätzchen auf und es entstehen die sogenannten „Füßchen". Auf einem Kuchengitter abkühlen lassen. Mit einem feinen Backpinsel das Mehl auf der Oberfläche wegpinseln und die kleinen Kunstwerke mit den Augen und natürlich mit dem Gaumen genießen.

➥ **MEINE TIPPS:** Wiegen Sie die Zutaten sorgfältig ab, damit die Konsistenz des Teiges stimmt. Gebäck kühl und feucht aufbewahren, damit es nicht schnell hart wird.

Feste & Gäste

Das Schöne ist, dass Kochen, Essen und Genießen Menschen verbindet. Eine hübsche Einladung, die von Herzen kommt, weckt die Neugierde der Gäste, und eine schön gedeckte Tafel erfreut jeden. Mir Zeit zu nehmen, für andere zu backen, zu dekorieren und zu basteln, empfinde ich als pures Glück. Denn geteiltes Glück ist doppeltes, dreifaches, vierfaches ... Glück!

In Italien isst man während des Karnevals diese typische Süßigkeit, die man traditionell in verschiedenen Formen antrifft, oft auch als kleine Knoten. Ich habe mein eigenes Design für diese Köstlichkeit entwickelt, nämlich kleine knusprige Blumenküchlein, die klassisch in Öl frittiert werden.

KARNEVAL
Le chiacchiere
ITALIENISCHES KARNEVALSGEBÄCK

FÜR CA. 36 STÜCK (Ø 9 CM)
200 g Mehl
60 g Zucker
1 Prise Salz
2 EL Olivenöl
1 Ei
1 Eigelb
2 cl Likörwein (z. B. Marsala; alternativ Weißwein)

Außerdem:
Pflanzenöl zum Ausbacken
Mehl zum Verarbeiten
Puderzucker zum Bestäuben

Mehl, Zucker und Salz mischen und beiseitestellen. Olivenöl, Ei, Eigelb und Likör verrühren. Mit der Mehlmischung zu einem glatten, geschmeidigen Teig verkneten. Teig zu einer Kugel formen, in Frischhaltefolie gewickelt an einem warmen Ort 30 Min. ruhen lassen.

Einen unbeschichteten Topf 4–5 cm hoch mit Öl füllen, auf ca. 170 °C erhitzen (Temperatur mit einem Frittierthermometer überprüfen). Teig auf der bemehlten Arbeitsfläche sehr dünn ausrollen und ausstechen. Gebäck im heißen Öl beidseitig goldgelb backen. Auf Küchenpapier abtropfen lassen und die noch lauwarmen Blumenküchlein mit viel Puderzucker bestäuben. In einer Vorratsdose hält sich das Gebäck mehrere Tage.

➜ **MEIN TIPP:** Eine Light-Variante kann im Backofen gebacken werden. Dann ½ Pck. Backpulver unter das Mehl mischen, das Gebäck auf ein mit Backpapier ausgelegtes Blech legen und im vorgeheizten Backofen bei 180 °C ca. 15 Min. backen.

MEINE IDEE: Jeckes Mitbringsel

- ♥ Sie brauchen: kleine Cellophantüten, farbige Zuckerperlen und Zuckerstreusel, Schnur, Schere
- ♥ So wird's gemacht: Cellophantüten mit Zuckerperlen, Zuckerstreuseln und Gebäck befüllen. Tüten mit Schnur zubinden, dabei eine hübsche Schleife binden.

Dieser Kuchen ist aufwendiger, weil dafür zweimal gebacken wird. Er bietet sich aber nicht nur für Ihren Liebsten zum Valentinstag, sondern auch als Süßigkeit für eine Freundin oder als Muttertagsgeschenk an. Sie können auch einzelne Stücke, in Folie gewickelt und hübsch verziert, verschenken.

VALENTINSTAG
Love-Cake
AUS ZWEIERLEI TEIG

FÜR 1 KASTENFORM (20 CM)
Für den lachsfarbenen Teig (innen):
80 g Zucker
2 Eier
85 g zimmerwarme Butter,
in Stücken
3 EL Naturjoghurt
150 g Mehl
2 TL Backpulver
etwas rote Lebensmittelfarbe

Für den hellen Teig (außen):
100 g Zucker
1 Pck. Vanillezucker
3 Eier
100 g zimmerwarme Butter,
in Stücken
3 EL Naturjoghurt
200 g Mehl
2 TL Backpulver

Außerdem:
Butter für die Form
Puderzucker zum Bestäuben

Den Backofen auf 180 °C vorheizen, Kastenform einfetten. Für den lachsfarbenen Teig Zucker und Eier schaumig rühren. Butter und Joghurt zufügen und sorgfältig unterrühren. Mehl und Backpulver mischen, nach und nach unterheben und alles gut miteinander vermengen, bis ein glatter Teig entsteht. Lebensmittelfarbe zufügen, bis der Teig die gewünschte Farbe hat. In die Form füllen und 50–55 Min. backen. Herausnehmen, gut abkühlen lassen, aus der Form stürzen, in ca. 2 cm dicke Scheiben schneiden und mit einer Herzform Herzen ausstechen.

Den Backofen erneut auf 180 °C vorheizen, Kastenform einfetten. Für den hellen Teig Zucker, Vanillezucker und Eier schaumig rühren. Butter und Joghurt zufügen und unterrühren. Mehl und Backpulver mischen, nach und nach unterheben und alles gut miteinander vermengen. Die Hälfte des Teigs in die Form füllen. Die lachsfarbenen Cake-Herzen in einer Reihe (sehr eng aneinander!) in den Teig stellen, die zweite Hälfte des Teigs darübergeben, bis die Masse alle Herzen bedeckt. Ca. 1 Std. backen. Abgekühlten Kuchen mit Puderzucker bestäuben.

➤ **MEINE TIPPS:** Cake in Scheiben servieren, damit die Herzen sichtbar sind. Mit den Resten der ausgestochenen Herzen können Sie z. B. ein köstliches Tiramisu zubereiten.

Ich liebe Campari und diese Campari-Torte ist eine meiner besten, köstlichsten, liebsten Erfindungen! Eines Tages sagte ich zu mir: Warum nicht eines meiner Lieblingsgetränke mit einer Torte verbinden? Und voilà, entstanden ist die Torte schlechthin.

VALENTINSTAG

Campari-Herztorte

ANNALISAS LIEBLINGSKUCHEN

FÜR 1 HERZ- ODER SPRINGFORM (Ø 20 CM)

Für den Teig:
3 Eier
150 g Zucker
Mark von 1 Vanilleschote
150 g Mehl
2 TL Backpulver

Für die Füllung und das Frosting:
6 cl Campari zum Beträufeln
+ 1 cl für die Creme
3 EL Himbeerkonfitüre
250 g Mascarpone
400 ml Sahne
2 EL Puderzucker
etwas rote Lebensmittelfarbe
einige Tropfen Himbeersaft
80 g frische Himbeeren

Für die Garnitur:
50 g dunkle Kuchenglasur
15 Waffelherzen
1 Handvoll Herz-Zuckerstreusel
Mini-Baisertuffs (selbst gemacht s. S. 56 oder gekauft)

Außerdem:
Butter für die Form
Dekoband nach Belieben

Den Backofen auf 180 °C vorheizen und die Form einfetten. Eier, Zucker und Vanillemark schaumig rühren. Mehl mit Backpulver mischen, sieben, zufügen und sorgfältig verrühren. Teig in die Form geben und 30–35 Min. backen. Gut abkühlen lassen.

In der Zwischenzeit Kuchenglasur über dem Wasserbad schmelzen, Waffelherzen in die Schokolade tauchen und mit Zuckerherzen bestreuen. Auf Backpapier trocknen lassen.

Kuchenboden aus der Form stürzen und mit einem großen scharfen Messer zweimal waagerecht durchschneiden. Den unteren Boden auf eine Tortenplatte legen und mithilfe eines Pinsels mit Campari beträufeln, vor allem die knusprigen Ränder. Darauf die Himbeerkonfitüre streichen, dann den zweiten Boden obenauf legen, ebenfalls mit Campari beträufeln.

Mascarpone mit einer Gabel cremig rühren. Sahne steif schlagen, eine Hälfte in den Kühlschrank stellen. Die andere Hälfte mit Mascarpone, Puderzucker und Campari mischen und rühren, bis eine homogene Creme entsteht. Lebensmittelfarbe und Himbeersaft unterrühren, sodass die Creme hellrosa wird. Auf dem zweiten Kuchenboden verteilen. Himbeeren waschen, trocken tupfen und auf der Creme verteilen.

Dritten Kuchenboden darauflegen (eventuell mit der Kruste nach unten) und mit dem restlichen Campari beträufeln. Gekühlte Sahne an den Seiten und auf der Oberfläche der Torte verstreichen. Anschließend den Rand der Torte mit Mini-Baiserküssen garnieren, sodass diese wie eine Perlenkette aussehen, und die Schoko-Waffelherzen um die Torte stellen. Nach Belieben Dekoband darumbinden.

Backen ist für mich ein Lebensgefühl und Lebensfreude pur. Immer wieder beliebt sind Mottopartys und ich mag es, mir stets etwas Neues einfallen zu lassen. Eine originelle Idee: Laden Sie Ihre Freundinnen zur Löffelparty ein und genießen Sie gemeinsam die süßen Momente des Lebens, ganz nach dem Motto: live, laugh, love.

LÖFFELPARTY

Löffel-Cakes

HASELNUSS, KAFFEE UND VANILLE

FÜR 12 ESSLÖFFEL (PRO GE-SCHMACKSRICHTUNG 4)

Für den Grundteig:
50 g zimmerwarme Butter
1 Ei
1 Eigelb
50 g brauner Zucker
60 g Mehl
1 TL Backpulver
1 Prise Salz

Für den Haselnussteig:
1 EL gemahlene Haselnüsse
1 Handvoll gehackte Haselnüsse zum Garnieren

Für den Kaffeeteig:
1 TL Instant-Kaffeepulver
8 Mokka-Schokobohnen zum Garnieren

Für den Vanilleteig:
1 Pck. Vanillezucker
Puderzucker zum Bestäuben

Außerdem:
Butter für die Löffel

Zwölf Esslöffel mit Butter bestreichen, Backblech mit Backpapier belegen. Den Backofen auf 180 °C vorheizen und den Grundteig zubereiten. Dafür Butter in einem kleinen Topf schmelzen und abkühlen lassen. In der Zwischenzeit Ei, Eigelb und Zucker mit den Rührbesen des Handrührgeräts schaumig schlagen. Mehl, Backpulver und Salz erst mischen, dann sieben und langsam zugeben. Zerlassene Butter zufügen und unterrühren. Teig in drei Portionen teilen.

Für den Haselnussteig Haselnüsse zufügen und unterrühren. Für den Kaffeeteig Kaffeepulver zufügen und verrühren, bis sich das Pulver aufgelöst hat. Für den Vanilleteig Vanillezucker zufügen und unterrühren. Sechs Löffel auf das Blech legen, jeden Löffel zu ¾ mit Teig füllen. So positionieren, dass der Teig nicht auslaufen kann, z. B. Ausstechformen als Stütze verwenden. Ca. 12 Min. backen. Herausnehmen, abkühlen lassen und mit Haselnüssen, Schokobohnen und Puderzucker garnieren. Dann die nächsten sechs Löffel backen.

Die perfekte Ergänzung zu den Löffel-Cakes sind diese Trinkschokoladen, die die Löffelparty komplett machen! Die Trinkschokoladenlöffel schauen ebenfalls hübsch aus und die Schokoladen werden herrlich cremig und schmecken intensiv nach Cappuccino, Haselnuss oder Schokolade.

LÖFFELPARTY

Löffel-Trinkschokoladen

CAPPUCCINO, HASELNUSS UND SCHOKOLADE

FÜR 12 ESSLÖFFEL (PRO GE-SCHMACKSRICHTUNG 4)
ca. 1,8 l Vollmilch

Für die Cappuccinoschokolade:
50 g weiße Kuvertüre
2 TL Instant-Kaffeepulver
4 Schokobohnen zum Garnieren

Für die Haselnussschokolade:
50 g Vollmilchkuvertüre
2 TL Zimt
4 Haselnüsse zum Garnieren

Für die Zartbitterschokolade:
50 g Zartbitterkuvertüre
4 Pistazien zum Garnieren

Kuvertüre jeweils würfeln und getrennt in drei Gefrierbeutel füllen, diese gut verschließen. Kuvertüre in den Beuteln im Wasserbad bei geringer Hitze schmelzen. Haselnüsse und Pistazien grob hacken.

Für die Cappuccinoschokolade je ½ TL Kaffeepulver und für die Haselnussschokolade je ½ TL Zimt in je vier, also insgesamt acht, Teelöffel füllen. Eine Ecke des Gefrierbeutels abschneiden und die jeweilige geschmolzene Kuvertüre in die Teelöffel füllen. Mit Schokobohnen und gehackten Haselnüssen garnieren und aushärten lassen. In vier Löffel die Zartbitterkuvertüre füllen, mit Pistazien garnieren.

Löffel-Schokoladen in ca. 150 ml heißer Milch pro Portion schmelzen und genießen – oder schön verpackt verschenken.

➤ **MEIN TIPP:** Sie können natürlich auch zwei Löffel-Trinkschokoladen in einem Glas Milch schmelzen, so wird der Schokoladengeschmack noch intensiver. Oder Sie kreieren einen ganz persönlichen Mix, indem Sie verschiedene Sorten in einer Tasse auflösen. Lassen Sie Ihrer Kreativität freien Lauf.

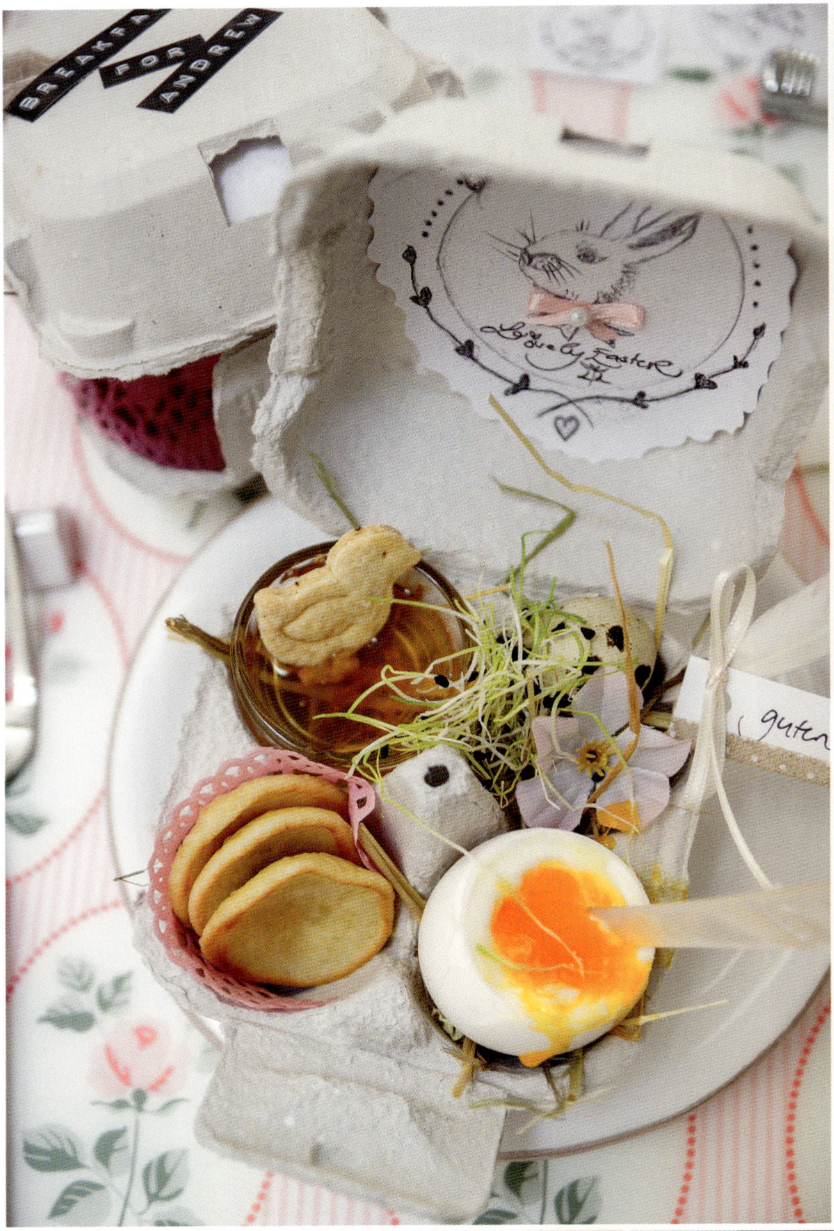
BREAKFA
FOR
ANDREW
guten

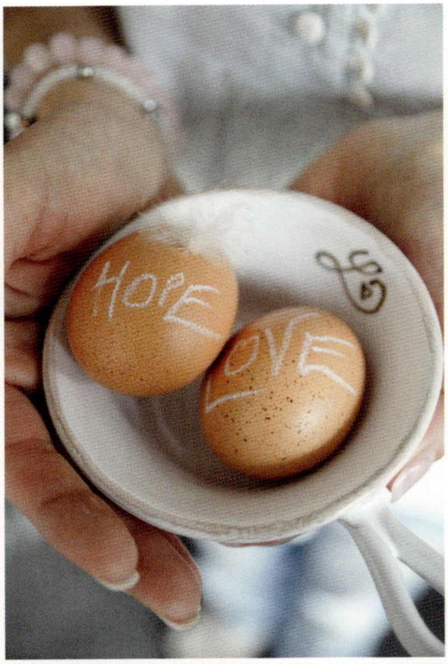
HOPE
LOVE

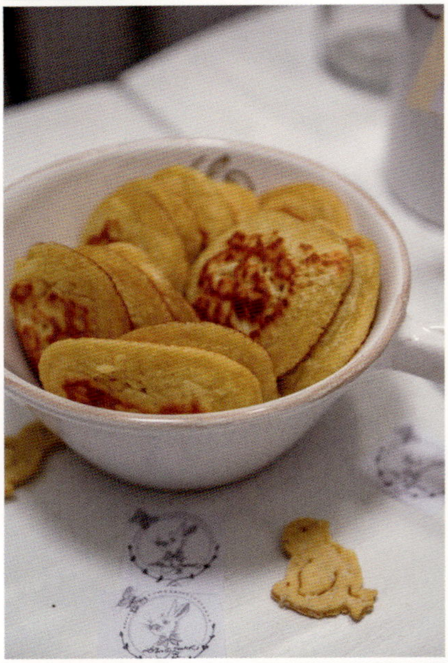

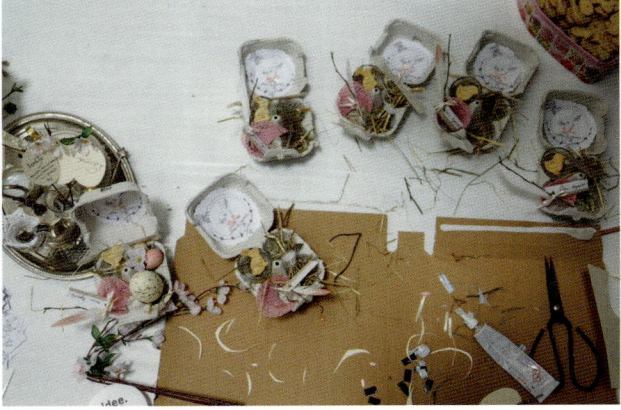

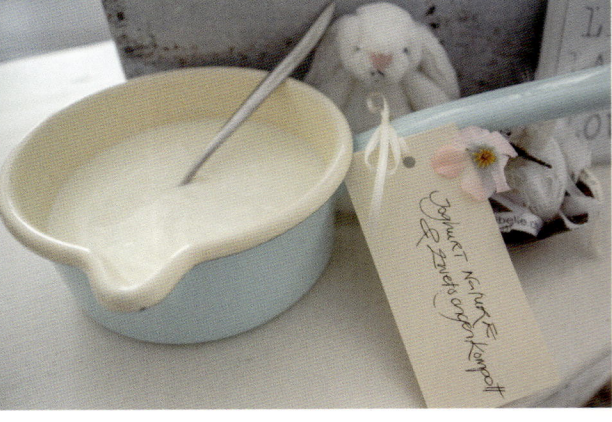

Brunch ist meine Lieblingsmahlzeit. Ich finde es toll, am Wochenende oder an Feiertagen mit vielen Köstlichkeiten in den Tag zu starten. Ihre Gäste werden sich über diese kleine Überraschung zum Osterbrunch garantiert freuen. Und die süßen Eierkartons können als Gastgebergeschenk verschenkt werden.

OSTERBRUNCH
Breakfast-Surprise
MIT 3-MINUTEN-EI UND PANCAKES

FÜR 4 PORTIONEN
Für die Pancakes:
220 g Mehl
1 TL Backpulver
½ TL Natron
1 EL Zucker
1 Prise Salz
2 Eier
250 ml Milch
50 g Sahnequark
3 EL Rapsöl

Außerdem:
Pflanzenöl zum Braten
4 Eier

Mehl, Backpulver und Natron mischen und sieben. Zucker und Salz zufügen und alles gut mischen. Eier, Milch, Quark und Öl verquirlen, gut mit der Mehlmischung verrühren und den Teig ca. 15 Min. ruhen lassen. In einer Pfanne bei mittlerer Hitze etwas Öl erhitzen. Portionsweise 1 TL Teig hineingeben und zu kleinen Kreisen ausformen. Wenn sich auf der Oberseite Bläschen bilden, wenden und kurz weiterbacken. Herausnehmen und bis zum Servieren abdecken, damit die Pancakes nicht sofort erkalten.

Wasser zum Kochen bringen, Eier 3 Min. darin kochen. Die Eierkartons mit Pancakes und Eiern bestücken und dekorieren (s. u.).

➤ **MEIN TIPP:** Ich backe pro Person drei Mini-Pancakes. Aus dem restlichen Teig mache ich mittelgroße Pancakes (2–3 EL pro Stück), welche ich auf einem Teller anrichte und in die Mitte des Tisches stelle.

MEINE IDEE: Breakfast-Surprise

♥ Sie brauchen: 4 4er-Eierkartons, Kärtchen oder Etiketten (mit Prägegerät, s. S. 186) zum Beschriften des Deckels außen, Kleber, Schildchen für den Deckel innen (Vorlage s. S. 188), Schere, Bastelschere mit Zierrand, schmales Zierband und Mini-Perlen für das Schildchen, etwas Heu, farbige Tortenspitze, kleine Glasschälchen, Blütenhonig, Mini-Kekse, Zwiebelsprossen, Blüten, Federn, Wachteleier

♥ So wird's gemacht: Eierkarton von Etiketten befreien. Kärtchen oder Etiketten mit den Namen der Gäste vorbereiten und auf den Deckel kleben. Für den Innenteil Häschen auf die Schilder zeichnen oder die Vorlage (s. S. 188) verwenden. Mit schmalem Zierband eine Schlaufe formen, auf die Zeichnung kleben und mit einer Mini-Perle verzieren. Auf die Innenseite des Deckels kleben. Trocknen lassen. Kartons mit etwas Heu füllen. 3-Minuten-Eier in eine Mulde stellen. Tortenspitze zuschneiden und in die zweite Mulde legen, mit drei Pancakes füllen. In die dritte Mulde ein Glasschälchen mit Blütenhonig und je einem Keks stellen, die vierte Mulde mit Zwiebelsprossen, Blüten, Federn und Wachteleiern verzieren. Eierkarton verschließen und auf den Platzteller stellen.

Der Osterhase sieht zwar süß aus, überrascht aber mit seinem pikanten Geschmack. Er ist eine Bereicherung für die Brunchtafel, schmeckt aber auch wunderbar als Snack zwischendurch.

OSTERBRUNCH

Pikanter Osterhase
MIT SCHINKEN

FÜR 1 KLEINE HASENFORM (500 ML)
100 g Schinken
100 g Mehl
1 EL Backpulver
1 Ei
100 ml Milch
1 Prise Kräutersalz
1 EL fein gehackte frische Petersilie

Außerdem:
Öl für die Form
Mehl zum Bestäuben

Den Backofen auf 180 °C vorheizen und die Form mit Öl bepinseln. Schinken würfeln, mit 2 EL Mehl mischen und beiseitestellen. Restliches Mehl mit Backpulver mischen und sieben. In einer weiteren Schüssel Ei, Milch und Salz schaumig rühren, anschließend die Mehlmischung sorgfältig unterrühren. Schinken und Petersilie zugeben, verrühren und den Teig in die Form füllen. Auf der untersten Schiene ca. 35 Min. goldbraun backen. Am besten eine Stäbchenprobe machen. Herausnehmen, abkühlen lassen und vorsichtig aus der Form lösen. Nach Belieben mit Mehl bestäuben, dann sieht der Osterhase noch hübscher aus.

MEINE IDEE: Schildchen im Frühlingslook

♥ Sie brauchen: einige Zweige, Gartenschere, Kartonpapier, Schere, Stift, Heißklebepistole, kleine Blüten

♥ So wird's gemacht: Mit einer Gartenschere einige dünne Zweige abschneiden. Aus dem Kartonpapier eierförmige Schildchen schneiden, nach Belieben beschriften und mit dem Heißkleber an die Zweige kleben. Die Schilder mit kleinen Blüten, die ebenfalls mit dem Heißkleber angeklebt werden, im Frühlingslook dekorieren.

In der Schweiz ist es Tradition, dass an Ostern als Nachspeise ein Osterfladen serviert wird. Dies ist ein runder, flacher Blechkuchen mit Milchreis. Dieses Rezept ist eine Überlieferung meiner Schwiegermutter und ich habe es mit Cranberrys anstelle der Rosinen etwas modernisiert.

OSTERBRUNCH
Reisfladen
MIT CRANBERRYS

FÜR 1 RUNDES BLECH (Ø 26 CM) ODER TARTEFORM

500 ml Milch
1 Msp. Salz
100 g Risottoreis
3 Eigelb
100 g Sahnequark
100 g gemahlene Haselnüsse
50 g Zucker
50 g getrocknete Cranberrys
Mark von 1 Vanilleschote
Abrieb von 1 Bio-Zitrone
1 Rolle Blätterteig (Kühlregal)
3 Eiweiß

Außerdem:
Puderzucker zum Bestäuben

Milch erhitzen, Salz und Reis zufügen und bei geringer Hitze unter ständigem Rühren 20 Min. kochen. Topf vom Herd nehmen, Eigelbe mit Sahnequark verrühren und mit Haselnüssen, Zucker, Cranberrys, Vanillemark und Zitronenabrieb gründlich unter den Reis mischen. Abkühlen lassen.

Den Backofen auf 200 °C vorheizen, ein rundes Backblech mit Backpapier auslegen. Blätterteig auf das Blech legen, ggf. rund schneiden. Teigränder umschlagen und gut andrücken. Teigboden mit einer Gabel einstechen. Eiweiße zu Schnee schlagen und unter die ausgekühlte Reismasse heben, gleichmäßig auf dem Teig verteilen und 35 Min. backen.

Fladen herausnehmen und abkühlen lassen. Vor dem Servieren mit Puderzucker bestäuben.

➤ **MEINE TIPPS:** Einen Hasen auf Papier zeichnen und ausschneiden. Auf den Kuchen legen und den Fladen erst dann mit Puderzucker bestäuben. So ist der Osterfladen schön und zum Anlass passend verziert. Er kann übrigens im Voraus zubereitet werden und bleibt einige Tage frisch. Sie können auch Miniaturplätzchen in Hasenform backen, vorsichtig mit Zuckerpaste an Holzspieße kleben und diese wiederum in den Fladen stecken. Das ist eine besonders niedliche Osterdeko.

Eigentlich muss kein Muttertag sein, um seiner Mama „Danke" zu sagen. Mütter freuen sich immer über Aufmerksamkeiten. Wenn Sie sich zwischen einem Blumenstrauß und Süßigkeiten nicht entscheiden können, backen Sie einfach diesen Kuchen. Ihre Geste begleiten Sie mit einem handgeschriebenen Kärtchen.

MUTTERTAG
Danke-Mama-Kuchen
MIT HERZ GEBACKEN

FÜR 1 HERZFORM MIT LOCH (CA. 1,5 L INHALT)
Für den Biskuit:
120 g Puderzucker
4 Eier
1 Prise Salz
1 Pck. Vanillezucker
80 g Mehl
40 g Speisestärke
2 EL Mohnsamen
1 TL brauner Rohrzucker

Für die Füllung:
250 ml Sahne
1 EL Puderzucker
3–4 kleine Erdbeeren
1–2 fein gehackte Basilikumblätter

Außerdem:
Butter für die Form
1–2 große Erdbeeren zum Garnieren
Puderzucker zum Bestäuben

Puderzucker sieben, mit Eiern und Salz ca. 10 Min. schaumig rühren. Den Backofen auf 180 °C vorheizen, Form einfetten. Vanillezucker zur Eier-Zucker-Masse geben und weitere 10 Min. kräftig rühren. Mehl und Speisestärke in eine Schüssel sieben, mit Mohn mischen, ebenfalls zugeben und verrühren. Teig in die Form füllen, mit Rohrzucker bestreuen und 30–35 Min. backen. Herausnehmen und in der Form auf einem Kuchengitter abkühlen lassen, anschließend vorsichtig stürzen.

Für die Füllung Sahne mit Puderzucker steif schlagen und halbieren. 1 Erdbeere sehr fein würfeln, die anderen pürieren. Mit Basilikum unter die eine Hälfte der Sahne heben.

Biskuit mit einem großen scharfen Messer zweimal waagerecht durchschneiden. Erdbeer-Sahne-Masse gleichmäßig auf den ersten Boden streichen. Zweiten Boden darauflegen und gleichmäßig mit der zweiten Sahnehälfte bestreichen. Dritten Biskuitboden obenauf legen, Kuchen bis zum Servieren kühl stellen.

Für die Garnitur Erdbeeren waschen, in Scheiben schneiden und mit einer sehr kleinen Ausstechform Herzen ausstechen. Kuchen mit Puderzucker bestäuben und nach Belieben, z. B. mit den ausgestochenen Erdbeerherzen, Schleifen und Schildchen (Vorlage s. S. 188), garnieren.

MEINE IDEE: Blumensträußchen in der Zuckerdose

♥ Sie brauchen: Steckmoos, kleines Messer, kleine Zuckerdose, Blumen, Gartenschere, Fotokarton für die Herzschildchen (Vorlage s. S. 188), Partypicker, Kleber

♥ So wird's gemacht: Steckmoos zuschneiden, mit Wasser tränken und in die Zuckerdose legen. Blumen zuschneiden, ins Moos stecken und arrangieren. Für das Schildchen die Vorlage auf Fotokarton ausdrucken, die Herzen ausschneiden und mit Kleber an Partypickern befestigen, ebenfalls ins Moos stecken. Blumenarrangement in das Loch der Herztorte stellen.

Chiffon Cake ist ein luftiger, amerikanischer Biskuitkuchen, der traditionell in einer Form mit einem Loch in der Mitte gebacken wird. Eine ähnliche Variante, die nur mit Eiweiß zubereitet wird, ist hierzulande als Angel Cake bekannt. Beide Gebäcke sind himmlisch! Das Brautpaar und die Gäste werden verzaubert sein.

LANDHOCHZEIT

Chiffon Cake

MIT LAVENDELZUCKER UND GEWÜRZBLÜTEN

FÜR 1 CHIFFON-CAKE-FORM (Ø 23 CM) ODER GUGELHUPF-FORM
150 g Puderzucker
7 Eier
25 g Lavendelzucker (s. S. 12)
1 Prise Salz
2 EL Speiseöl
2 EL Walnussöl
50 ml lauwarmes Wasser
Abrieb von ½ Bio-Zitrone
1 TL Gewürz-Blüten-Mischung (Reformhaus)
110 g Mehl
1 TL Backpulver

Außerdem:
Lavendelpuderzucker (s. S. 12) zum Bestäuben

Den Backofen auf 175 °C (Umluft) vorheizen. Puderzucker sieben, Eier trennen. Zimmerwarme Eigelbe, Lavendelzucker und 30 g Puderzucker mit den Rührbesen des Handrührgeräts ca. 5 Min. schaumig schlagen. Zunächst Salz und Öle, dann Wasser, Zitronenabrieb und Gewürz-Blüten-Mischung unterrühren. Mehl sieben und vorsichtig mit der Masse vermengen.

Eiweiße steif schlagen. Backpulver mit dem restlichen Puderzucker mischen, löffelweise zufügen und weiterschlagen. Eischnee sorgfältig und in mehreren Portionen unter die Eigelbmasse heben.

Die fluffige Masse gleichmäßig in die nicht eingefettete Form füllen (der Teig wird beim Backen stark aufgehen und die Wände der Form „hinaufklettern", Fett würde dies verhindern). Ca. 45 Min. backen, die Ofentür während des Backens nicht öffnen. Herausnehmen, auf einem Kuchengitter umgedreht abkühlen lassen. Wenn der Cake nach 2–3 Std. vollständig abgekühlt ist, aus der Form lösen. Vor dem Servieren mit Puderzucker bestäuben und das Loch in der Mitte z. B. mit einem Blumensträußchen dekorieren.

➜ **MEINE TIPPS:** Wenn Sie den intensiven Geschmack von Lavendel nicht mögen, können Sie den Cake auch mit neutralem Puderzucker bestäuben. Oder Sie versuchen es mit einem Hauch Rosenpuderzucker. Der Chiffon Cake schmeckt auch mit Sahne gefüllt oder mit frischen Früchten hervorragend.

Die Cupcakes mit Zitronenfrosting sehen wie kleine Hochzeitstörtchen aus. Durch den Prosecco erhalten sie eine elegante Note, passend zur feierlichen Stimmung. Zu einem besonderen Anlass gehört eine besondere Deko: Ich backe die Cupcakes in Espressotassen und verziere sie mit edler Spitze und beschrifteten Fähnchen.

LANDHOCHZEIT
Prosecco-Cupcakes
MIT ZITRONENFROSTING

FÜR 6 CUPCAKES

Für den Teig:
50 g zimmerwarme Butter
50 g Zucker
25 g Zitronenzucker (s. S. 12)
1 Pck. Vanillezucker
1 Ei, 1 Eigelb
90 g Mehl
1 TL Backpulver
1 Prise Salz
50 ml Prosecco
25 ml Milch

Für das Frosting:
60 g Puderzucker
60 g zimmerwarme Butter
75 g Doppelrahmfrischkäse
Abrieb von ½ Bio-Zitrone

Außerdem:
Butter für die Tassen
½ Bio-Zitrone und Zuckerperlen zum Garnieren

Den Backofen auf 180 °C vorheizen und die Tassen einfetten. Butter, Zucker, Zitronen- und Vanillezucker luftig rühren. Ei und Eigelb zufügen und schaumig rühren. Mehl und Backpulver in eine Schüssel sieben, Salz zufügen, dann mit der Butter-Zucker-Eier-Masse vermengen. Prosecco und Milch mischen, nach und nach zufügen und alles gründlich zu einem homogenen Teig verrühren. In die Tassen füllen und ca. 20 Min. backen. (Je nach Größe der Tassen kann sich die Backzeit etwas verlängern. Am besten machen Sie eine Stäbchenprobe.)

Währenddessen das Frosting vorbereiten. Puderzucker in eine Schüssel sieben und beiseitestellen. Butter mit den Rührbesen des Handrührgeräts ca. 5 Min. schlagen, bis sie hell und luftig ist. Puderzucker nach und nach zufügen, dabei weiterschlagen, damit die Masse schön luftig wird. Frischkäse und Zitronenabrieb mischen, zufügen und weiterschlagen, bis das Frosting glatt ist. In einen Spritzbeutel mit verzierter Lochtülle füllen und beiseitestellen.

Cupcakes auf einem Kuchengitter abkühlen lassen. Mit Frosting dekorieren. Zitrone in kleine Stücke schneiden und die Cupcakes mit Zuckerperlen und Zitronenschnitzen garnieren.

➡ **MEIN TIPP:** Die Cupcakes können auch in Muffinformen gebacken werden und dann in passende verzierte Tassen umgefüllt werden.

MEINE IDEE: Espressotassen im festlichen Kleid

- ♥ Sie brauchen: Spitze, Zierbänder oder Leinenstreifen, Schere
- ♥ So wird's gemacht: Spitze um die Tassen wickeln und mit Zierbändern oder schmalen Leinenstreifen fixieren, dabei hübsche Schleifen binden.

Mein Mann und ich lieben die britische Lebensart und die damit verbundenen Traditionen, z. B. ein Picknick im Grünen. Wir packen Leckereien in unseren Vintage-Picknick-Koffer und los geht's! Zum Beispiel mit Sausage Rolls, die nicht nur in Großbritannien, sondern auch in vielen anderen Ländern ein populärer Snack sind.

LOVELY PICNIC

Sausage Rolls

MIT APFEL

FÜR CA. 8 STÜCK
1 kleiner Apfel
200 g grobe Schweinsbratwurst
1–2 EL fein gehackter frischer Rosmarin
Abrieb und Saft von 1 Bio-Zitrone
1 Prise Salz
Pfeffer aus der Mühle
1 Rolle Blätterteig (Kühlregal)
2 EL englischer Senf (alternativ normaler Senf)
1 EL Blütenhonig

Außerdem:
1 Eigelb und 1 EL Milch zum Bestreichen

Den Backofen auf 180 °C vorheizen. Apfel schälen, entkernen und klein schneiden. Brät aus der Wurstpelle in eine Schüssel drücken. Rosmarin, Zitronenabrieb und -saft, Apfelstücke, Salz und Pfeffer zufügen, kneten und ca. 30 Min. beiseitestellen, bis sich die Aromen entfaltet haben.

Blätterteig entrollen und in acht gleich große Vierecke (ca. 10 x 10 cm) schneiden. Senf und Blütenhonig vermengen und je einen Klecks in die Mitte der Blätterteigvierecke setzen. Fleisch-Apfel-Masse in acht Portionen teilen, mit den Händen zu Würstchen formen und diese auf die mit Senf-Honig bestrichenen Vierecke legen. Blätterteig zusammenfalten, Ränder gut andrücken. Eigelb mit Milch mischen, Sausage Rolls damit bestreichen und im Ofen 20–25 Min. goldbraun backen. Herausnehmen und auf einem Kuchengitter abkühlen lassen. Einpacken und unter freiem Himmel genießen.

MEIN TIPP: Dazu passt ein würziges Chutney.

Pies sind unverzichtbar für ein lovely picnic, das unter dem Motto vintage & british steht. Sie sind aus der englischen Küche nicht wegzudenken und es gibt unzählige Varianten von süß bis herzhaft. Diese saftigen Pies mit dem süßsäuerlichen Geschmack von knallroten Johannisbeeren und reifem Rhabarber sind unsere Lieblinge.

LOVELY PICNIC
Johannisbeer-Rhabarber-Pies
MIT FRISCHEN FRÜCHTEN

FÜR 6–8 FÖRMCHEN (À 250 ML) ODER 1 TARTEFORM (Ø 24 CM)

Für den Teig:
320 g Mehl + ggf. etwas mehr
1 Prise Salz
1 EL brauner Zucker
170 g kalte Butter, in Stücken
120 ml kaltes Wasser

Für die Füllung:
500 g Rhabarber
150 g Johannisbeeren
3 EL brauner Rohrzucker
1 Pck. Vanillezucker
2 EL Erdbeer-Rhabarber- oder Himbeermarmelade (selbst gemacht s. S. 102 oder gekauft)
2 EL Speisestärke
Abrieb von ½ Bio-Zitrone
1 EL Zitronensaft
6–8 TL Lieblingsmarmelade

Außerdem:
Butter für die Formen
Mehl zum Verarbeiten
1 Eigelb und 1 EL Sahne zum Bestreichen
Vanillepuderzucker (s. S. 12; alternativ Puderzucker) zum Bestäuben

Für den Teig Mehl, Salz, Zucker und Butter mit den Händen krümelig reiben. Wasser nach und nach zugeben und alles rasch zu einem Teig verkneten. Wenn der Teig zu klebrig ist, ein wenig mehr Mehl zufügen. Teig zu einer Kugel formen, in Frischhaltefolie wickeln und ca. 1 Std. im Kühlschrank ruhen lassen. In der Zwischenzeit die Füllung vorbereiten. Rhabarber schälen, in kleine Stücke schneiden und in eine Schüssel geben. Johannisbeeren waschen und trocken tupfen. Beides mit Rohrzucker, Vanillezucker, Marmelade, Speisestärke, Zitronenabrieb und -saft vermischen.

Den Backofen auf 180 °C vorheizen und die Formen einfetten. Teig aus dem Kühlschrank nehmen, ein wenig davon beiseitestellen, um daraus später die Gitter für die Pies zu formen. Teig auf der bemehlten Arbeitsfläche ca. 3 mm dick ausrollen. Je nach Größe der Formen mithilfe eines Schälchens oder mit einem Glas Kreise, die etwas größer als die Formen sind, ausstechen und die Formen damit auskleiden. Teigböden mit je 1 TL Lieblingsmarmelade sorgfältig bestreichen, dann die Füllung daraufgeben.

Teig für die Gitter ausrollen, in Streifen schneiden und diese gitterförmig auf die Pies legen. Die Ränder dabei etwas unter den Pieboden klemmen. Eigelb mit Sahne verquirlen und die Mischung mit einem Backpinsel auf die Gitter streichen. Die Pies auf der unteren Schiene ca. 35 Min. goldgelb backen. (Die Backzeit in einer Tarteform beträgt ca. 1 Std. bei 200 °C.) Während des Backens kann die Marmelade etwas aus den Pies sprudeln – macht nichts, dieser Effekt macht die Pies noch saftiger und köstlicher. Herausnehmen, abkühlen lassen, vorsichtig aus den Formen lösen und auf einem Kuchengitter abkühlen lassen. Vor dem Servieren mit Vanillepuderzucker bestäuben.

Die Franzosen nennen es Brioche, die Italiener Panettone und die Engländer Teabread. Wer kandierte Früchte mag, wird dieses Brot lieben. Ob zum Afternoon Tea oder als Mahlzeit zwischendurch.

VINTAGE-TEAPARTY

Teabread

MIT FRÜCHTEN UND HONIG

FÜR EINE KASTENFORM (25 CM)
15 g frische Hefe
100 ml lauwarmes Wasser
3 EL Blütenhonig
450 g Mehl + ggf. etwas mehr
30 g Cashewnüsse
1 Beutel Schwarztee
2 EL zimmerwarme Butter
30 g brauner Zucker
1 Ei
100 g Magerquark
100 g kandierte Früchte
70 g getrocknete Früchtemischung
(z. B. Sultaninen, Aprikosen, Feigen)

Außerdem:
Puderzucker zum Bestäuben

Für den Vorteig Hefe in dem Wasser auflösen, den Honig zufügen und verrühren, beiseitestellen und ca. 10 Min. ruhen lassen. Flüssigkeit mit 100 g Mehl vermengen und dann mit Frischhaltefolie abgedeckt an einem warmen Ort ca. 1 Std. gehen lassen.

In der Zwischenzeit Cashewnüsse hacken. 100 ml Wasser mit Schwarztee aufbrühen, 5 Min. ziehen lassen. Teebeutel herausnehmen und abkühlen lassen. Butter und Zucker schaumig rühren, Ei und Quark zufügen und rühren, bis die Masse schön cremig ist.

Dann für den Teig alle Zutaten (auch das Teewasser) sowie weitere 300 g Mehl und die gehackten Cashews unter den Vorteig rühren. Teig ca. 10 Min. gründlich kneten, bis er elastisch ist. Sollte er zu klebrig sein, noch etwas Mehl zufügen. Anschließend abgedeckt an einem warmen Ort 2–3 Std. gehen lassen.

Den Backofen auf 200 °C vorheizen und die Kastenform mit Backpapier auslegen. Teig nochmals kneten und das restliche Mehl löffelweise unterheben. In die Form füllen und ein letztes Mal kurz gehen lassen. Ca. 1 Std. goldbraun backen. Wenn das Brot beim Klopfen hohl klingt, ist es gut. Einige Min. in der Form abkühlen lassen, dann herausnehmen und auf ein Kuchengitter legen. Vor dem Servieren mit Puderzucker bestäuben.

Scones sind schnell gemacht und ich esse sie am Wochenende gerne zum Frühstück. Klassisch gehören sie aber zum English Afternoon Tea. Clotted Cream wird hierzulande kaum zum Verkauf angeboten und ist aufwendig in der eigenen Herstellung. Mit Mascarpone können Sie aber ein sehr ähnliches Produkt herstellen.

VINTAGE-TEAPARTY

Scones
MIT CLOTTED CREAM

**FÜR 16 SCONES UND
4 PORTIONEN CLOTTED CREAM**

Für die Scones:
150 ml lauwarme Milch
1 TL Zitronensaft
200 g Mehl + ggf. etwas mehr
½ Pck. Backpulver
1 EL brauner Zucker
1 Prise Salz
50 g zimmerwarme Butter,
in Stücken

Für die Clotted Cream:
50 g Mascarpone
60 ml Sahne
Mark von ½ Vanilleschote
1 EL Zucker

Außerdem:
Mehl zum Verarbeiten
Lieblingsmarmelade zum Servieren

Den Backofen auf 210 °C vorheizen, Backblech mit Backpapier auslegen. Milch und Zitronensaft mischen und beiseitestellen. Mehl und Backpulver mischen und in eine Schüssel sieben, Zucker und Salz zufügen und untermischen. Butter zufügen und alles mit den Fingern zu einer krümeligen Masse reiben. Milch-Zitronen-Mischung zufügen und alles zu einem glatten Teig verkneten. Falls der Teig zu klebrig wird, noch etwas Mehl zufügen. Teig auf der bemehlten Arbeitsfläche ca. 3 cm dick flach drücken und mithilfe eines kleinen Bechers (Ø ca. 4 cm) Brötchen ausstechen. Im heißen Ofen 9–10 Min. sehr hell backen. Scones sollten nicht zu sehr bräunen.

In der Zwischenzeit Mascarpone, Sahne, Vanillemark und Zucker mit den Rührbesen des Handrührgeräts cremig rühren. Portionieren, indem Sie die Creme z. B. in kleine Gläser füllen. Scones aus dem Ofen nehmen und auf einem Kuchengitter abkühlen lassen. Mit Clotted Cream und Marmelade genießen.

Ich liebe diesen feinen Genuss mit viel Tradition – den English Afternoon Tea. Schon seit dem 19. Jahrhundert zelebrieren die Briten die Teaparty. Entspannte Gespräche mit Freunden und dazu exquisite süße Köstlichkeiten, selbst gemachte herzhafte Sandwiches und duftender Tee – very british and delicious!

VINTAGE-TEAPARTY
Sandwiches
MIT LACHS UND GURKE

FÜR 6 SANDWICHES
6 Scheiben weißes Toastbrot, ohne Rinde
2 EL Mayonnaise
½ Salatgurke
2 Scheiben Cheddar
Salz
Pfeffer aus der Mühle
ca. 100 g Räucherlachs
1 EL Zitronensaft

Außerdem:
Zwiebelsprossen zum Garnieren

Vier Toastscheiben mit Mayonnaise bestreichen. Für die Gurkensandwiches Gurke schälen und in dünne Scheiben schneiden. Eine bestrichene Toastscheibe mit Gurkenscheiben und Cheddar belegen. Salzen und pfeffern und mit Zwiebelsprossen garnieren. Zweite bestrichene Toastscheibe darauflegen und den Vorgang wiederholen, dann die Toastscheibe ohne Mayonnaise obenauf legen. Leicht andrücken und das Sandwich mit einem scharfen Messer in drei Stücke schneiden.

Für die Lachssandwiches Räucherlachs in Scheiben schneiden, damit die zwei weiteren bestrichenen Toastscheiben belegen, mit Zitronensaft beträufeln. Salzen und pfeffern, mit Zwiebelsprossen garnieren und übereinanderschichten. Die verbliebene Toastscheibe ohne Mayo darauflegen, leicht andrücken und das Sandwich mit einem scharfen Messer in drei Stücke schneiden.

➤ **MEIN TIPP:** Für die Lachssandwiches eignet sich auch das Rustico-Toastbrot (s. S. 87) sehr gut.

Lemon Curd ist ein traditioneller englischer Brotaufstrich, gehört unbedingt zu einer Teaparty dazu und bringt Farbe in das Arrangement auf der Etagere. Die Cookies erhalten dadurch ein intensives Zitronenaroma.

VINTAGE-TEAPARTY
Lemon-Curd-Cookies
MIT LIMETTE

ERGIBT CA. 18 COOKIES

Für den Teig:
110 g Mehl + ggf. etwas mehr
1 Msp. Backpulver
40 g Puderzucker
1 Msp. Salz
50 g geschälte gemahlene Mandeln
75 g kalte Butter, in Stücken
1 Ei (Größe S)
Saft von ½ und Abrieb
von 1 Bio-Limette

Für die Füllung:
ca. 60 g Lemon Curd
(Fertigprodukt)
1 TL Limettensaft

Außerdem:
Mehl zum Verarbeiten
Puderzucker zum Bestäuben
½ Bio-Limette zum Garnieren

Mehl, Backpulver und Puderzucker in eine Schüssel sieben, Salz und Mandeln zufügen, alles mischen. Butter zufügen und alles mit den Fingern zu einer krümeligen Masse reiben. Ei leicht verquirlen, mit Limettensaft und -abrieb mischen und zugeben, alles rasch zu einem glatten Teig verkneten. Falls der Teig zu klebrig ist, noch etwas Mehl zufügen. Teig zu einer Kugel formen, in Frischhaltefolie wickeln und mind. 30 Min. im Kühlschrank ruhen lassen.

Den Backofen auf 180 °C vorheizen, Backblech mit Backpapier auslegen. Teig auf der bemehlten Arbeitsfläche sehr dünn ausrollen, mit einer Form paarweise ca. 18 Kreise und 18 Kreise mit Loch ausstechen und auf das Blech legen. Achten Sie auf den Abstand, da die Plätzchen beim Backen etwas aufgehen. Ca. 12 Min. sehr hell backen. Herausnehmen und abkühlen lassen.

Für die Füllung Lemon Curd mit Limettensaft cremig rühren. Je 1 TL auf die Plätzchen ohne Loch geben, die anderen Plätzchen darauflegen und die Doppelkekse mit Puderzucker bestäuben. Limette in kleine Stücke schneiden und die Cookies damit garnieren.

➜ **MEIN TIPP:** Die Plätzchen schmecken auch mit einer Marmeladenfüllung köstlich.

Jetzt wird gebacken und gebastelt! Hier kriegen Sie zum Cupcake-Rezept gleich noch die Anleitung für farblich passende Papierförmchen dazu. Denn wenn Sie von der letzten Sommerparty noch einige Trinkbecher aus Pappe übrig haben, können Sie daraus im Nu Lieblings-Cupcake-Formen zaubern.

VINTAGE-TEAPARTY

Caramel-Cupcakes
IN PAPIERBECHERN

FÜR CA. 6 STÜCK
120 g Mehl
2 TL Backpulver
1 Msp. Salz
20 g gemahlene Mandeln
2 Eier (Größe S)
50 g brauner Zucker
Mark von ½ Vanilleschote
40 g zimmerwarme Butter
120 ml Sahne
2 EL Karamellbonbons

Außerdem:
Trinkbecher aus Pappe
Zierband nach Belieben
Puderzucker zum Bestäuben
2 EL Karamellbonbons zum Garnieren

Becher aus Pappe auf die gewünschte Größe zuschneiden und mit Backpapier auslegen (oder normale Muffinformen verwenden). Den Backofen auf 180 °C vorheizen. Mehl und Backpulver mischen und in eine Schüssel sieben, Salz und Mandeln untermischen. Eier leicht verquirlen und mit Zucker, Vanillemark und Butter so lange schaumig schlagen, bis die Masse hell ist. Sahne unterrühren. Eier-Zucker-Masse zu der Mehlmischung geben und alles verrühren, bis alle Zutaten feucht sind. Karamellbonbons klein würfeln und unterheben.

Teig gleichmäßig in Formen füllen, 20–25 Min. goldbraun backen. Herausnehmen und abkühlen lassen. Die Becher vor dem Servieren nach Belieben mit Zierband verzieren. Cupcakes mit Puderzucker bestäuben und mit Karamellbonbons garnieren.

Suchen Sie sich Ihre Lieblingsoase und Ihre Lieblingsknabbereien aus, laden Sie Freunde ein und chillen Sie zusammen. Das gelingt am besten im Sommer auf der Terrasse oder im Garten und bedeutet Entspannung pur – vor allem aber jede Menge Genuss für den Gaumen. Hier gibt's aromatische Knabbereien.

CHILL-OUT-PARTY

Cracker, Pita-Chips & Feta-Würfel
MIT KRÄUTERN

FÜR JE 4 PORTIONEN
Für die Kräuter-Cracker:
1 Rolle Pizzateig (selbst gemacht s. S. 185 oder gekauft, Kühlregal)
2 EL Olivenöl
1 EL getrockneter Oregano
grobes Meersalz

Für die Pita-Chips:
6 Pita-Brote (Fertigprodukt)
2 EL Olivenöl
1 EL Chili-Öl
1 EL getrockneter Rosmarin
1 Knoblauchzehe

Für die Feta-Würfel:
200 g Feta
2–3 EL getrocknete Gewürzmischung (z. B. Paprika, Petersilie, Basilikum)
Salz
Pfeffer aus der Mühle

Den Backofen auf 200 °C vorheizen, Backblech mit Backpapier auslegen. Pizzateig dünn ausrollen und mit Olivenöl bepinseln. Teig mit Oregano und Meersalz bestreuen und in mundgerechte Quadrate schneiden. Cracker 15–20 Min. knusprig backen und abkühlen lassen.

Für die Pita-Chips den Backofen ebenfalls auf 200 °C vorheizen, Backblech mit Backpapier auslegen. Pita-Brote zuerst quer halbieren, dann in mundgerechte Stücke schneiden. Olivenöl, Chili-Öl und Rosmarin gründlich verrühren, Knoblauch dazupressen. Pita-Stücke in dem Öl tränken, im heißen Ofen 6–8 Min. knusprig rösten. Abkühlen lassen.

Für die Feta-Würfel Käse würfeln. Gewürzmischung, Salz und Pfeffer in ein Schälchen geben und gründlich mischen. Käsewürfel darin wenden, auf Zahnstocher stecken und in einem Schälchen anrichten. Bis zum Servieren kühl stellen.

➜ MEIN TIPP: Cracker und Chips bleiben in einer Vorratsdose mehrere Tage lang frisch.

Es ist erstaunlich, wie variantenreich Nudelteig zubereitet und verarbeitet werden kann. Man kann ihn in Wasser kochen, in Öl frittieren, im Ofen backen … Diese Variante mit Ravioli in Blumenform ist etwas sehr Besonderes und schmeckt mit selbst gemachtem Nudelteig (s. Tipp) natürlich am besten.

CHILL-OUT-PARTY

Lauwarme Pasta-Blumen
MIT ZITRONENFRISCHKÄSE

FÜR CA. 15 PASTA-BLUMEN

Für die Füllung:
200 g Ricotta
Abrieb von 1 Bio-Zitrone
1 Prise Salz
Pfeffer aus der Mühle

Für die Pasta-Blumen:
2 Rollen Nudelteig (à ca. 250 g, Kühlregal; selbst gemacht s. Tipp)
60 g Kräuterbutter

Außerdem:
½ Zitrone zum Beträufeln

Den Backofen auf 200 ° vorheizen, Backblech mit Backpapier auslegen. Für die Füllung Ricotta mit einer Gabel glatt rühren, dann mit Zitronenabrieb, Salz und Pfeffer mischen. Nudelteig ausrollen, aus dem Teig mit einer Ausstechform Blumen (Ø ca. 6 cm) ausstechen. Nehmen Sie keine zu kleine Form, da die Häppchen sonst nicht ausreichend gefüllt werden können und nach dem Backen zu trocken sind.

Auf die Hälfte der Nudelplätzchen einen Klecks Ricottafüllung geben, mit den restlichen Nudelplätzchen bedecken, die Ränder mit den (eventuell angefeuchteten) Fingern gut andrücken und auf das Blech legen. Kräuterbutter zerlassen und die Pasta-Blumen von beiden Seiten großzügig damit einpinseln. Im heißen Ofen ca. 6 Min. backen, nach 3 Min. wenden. Kurz abkühlen lassen, mit etwas Zitrone beträufeln und lauwarm genießen.

➛ **MEIN TIPP:** Nudelteig können Sie auch selbst herstellen. Dazu brauchen Sie 400 g Mehl, 4 Eier und 1 Prise Salz. Mehl sieben, Eier zugeben und alles gut vermischen. Salz zugeben und den Teig mit den Händen gründlich verkneten. Zu einer Kugel formen und in Frischhaltefolie gewickelt ca. 30 Min. im Kühlschrank ruhen lassen. Teig sehr dünn ausrollen, vorzugsweise mit einer Nudelmaschine.

Im Sommer ist frisch gebackenes Fladenbrot ein super Bestandteil eines jeden Buffets. Passt hervorragend zu Grillfleisch, griechischen oder orientalischen Gerichten und mit verschiedenen Dips serviert auch zur Chill-out-Party.

CHILL-OUT-PARTY
Fladenbrot
MIT SESAM

FÜR 1 FLADENBROT
500 g Mehl
1 EL Zucker
2 TL Salz
20 g frische Hefe
300 ml lauwarmes Wasser
2 EL Olivenöl

Außerdem:
Mehl zum Verarbeiten
1 Eigelb und 1–2 EL Olivenöl zum Bestreichen
2 EL Sesamsamen (alternativ Mohnsamen) und grobes Meersalz zum Bestreuen

Mehl, Zucker und Salz in einer Schüssel mischen, in der Mitte eine Mulde formen. Hefe zerbröseln und in dem Wasser auflösen, Öl zufügen und alles in die Mulde gießen. Alle Zutaten ausgiebig kneten, bis der Teig glatt und geschmeidig ist. Abgedeckt an einem warmen Ort ca. 1 ½ Std. gehen lassen.

Den Backofen auf 200 °C vorheizen, Backblech mit Backpapier auslegen. Teig auf der bemehlten Arbeitsfläche mit den Händen zu einem großen Fladen (ca. 2 cm dick) formen und anschließend auf das Blech legen. Mit einem Messer die Oberfläche leicht einschneiden oder mit den feuchten Fingerspitzen leichte Vertiefungen hineindrücken.

Eigelb und Olivenöl verquirlen, die Oberfläche und die Ränder des Fladens damit großzügig bestreichen, anschließend mit Sesam und Salz bestreuen. Ca. 30 Min. goldbraun backen, mit einem Geschirrtuch bedeckt auf dem Blech etwas abkühlen lassen und lauwarm genießen.

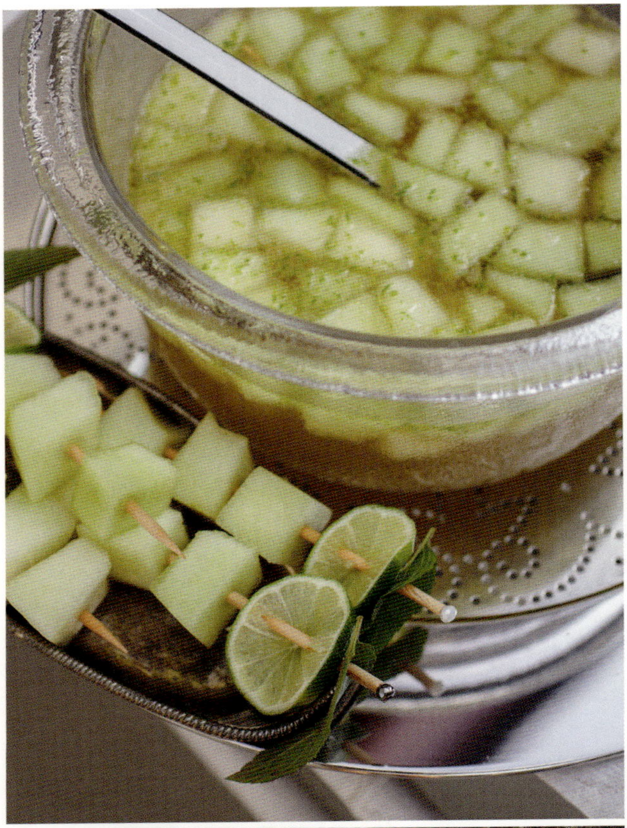

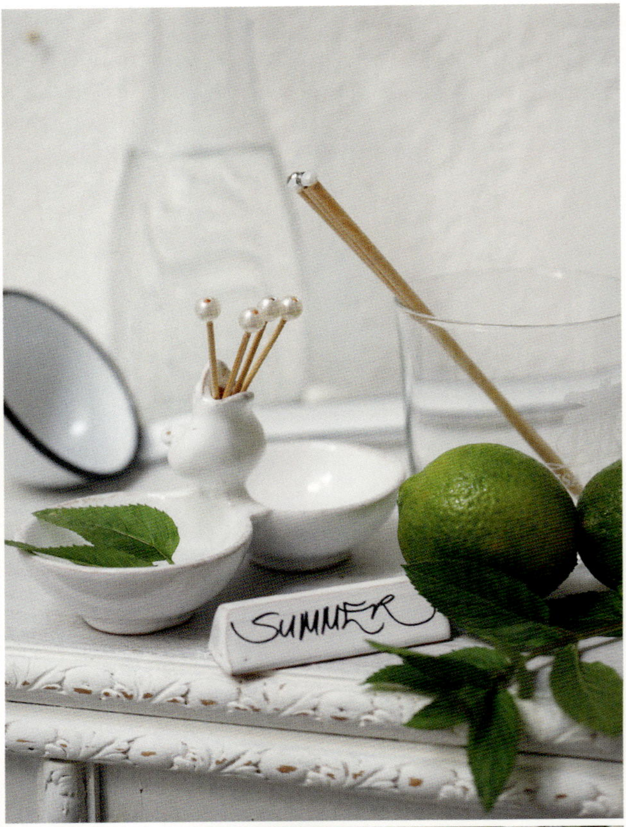
SUMMER

VINTAGE
EDITION
Worber
Fr. 5.-

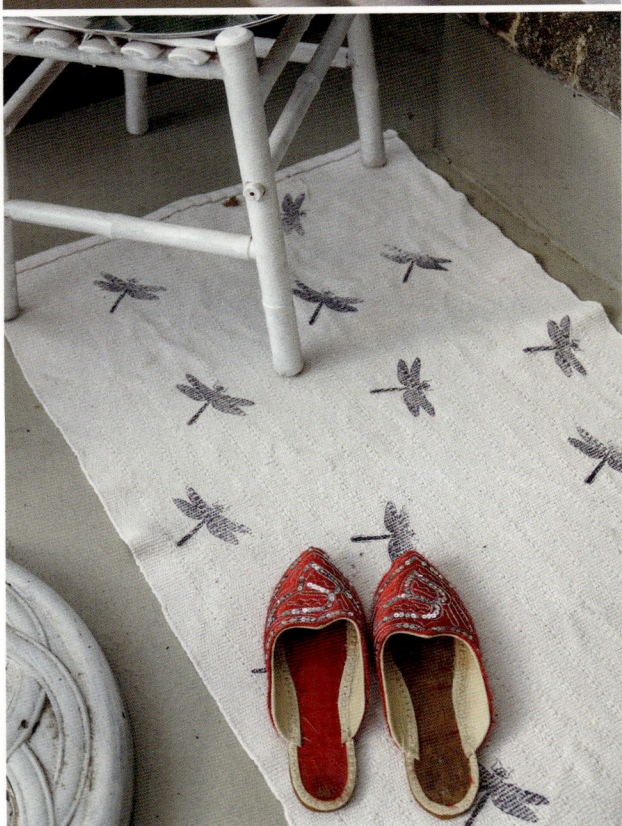

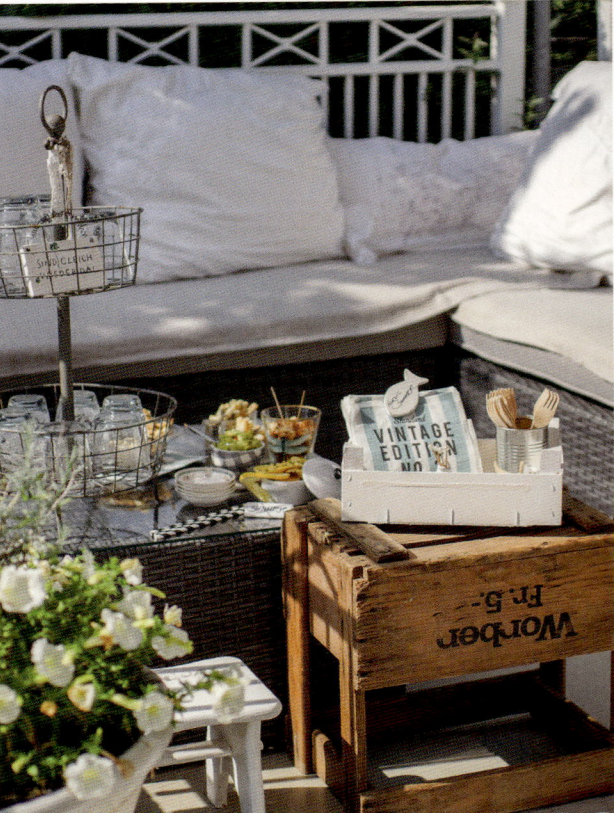

Eine selbst gemachte Bowle sorgt auf jeder Party für gute Stimmung. Bei meiner Prosecco-Bowle lassen die erfrischenden und exotischen Zutaten Ferienstimmung aufkommen und runden das bereits vorhandene Chillinggefühl herrlich ab.

CHILL-OUT-PARTY

Prosecco-Bowle
MIT HONIGMELONE UND LIMETTE

FÜR 4 PORTIONEN
1 Honigmelone
1 Bio-Limette
2 Minzstängel
12 cl Orangenlikör
12 cl Cachaça
4 EL brauner Rohrzucker
Abrieb und Saft
von 1–2 Bio-Limetten
1 Flasche eisgekühlter Prosecco
1 l eisgekühltes Sodawasser

Außerdem:
4 Holzspieße
Strohhalme

Honigmelone im Kühlschrank kühlen, dann halbieren, entkernen und schälen. Fruchtfleisch in mundgerechte Würfel schneiden. Limette in Scheiben schneiden. Minze waschen, trocken tupfen und die Blättchen abzupfen. Mit der Hälfte der Melonenwürfel die Fruchtspieße vorbereiten. Je drei Würfel auf einen Spieß stecken, mit je 1 Limettenscheibe und 1 Minzblatt garnieren und mit Frischhaltefolie abgedeckt kalt stellen.

In eine große Bowle-Schüssel Likör, Cachaça, Zucker und die zweite Hälfte der Melonenwürfel geben, mischen und ca. 1 Std. im Kühlschrank ziehen lassen. Ab und zu umrühren. Dann Limettenabrieb und -saft zufügen und die Bowle vor dem Servieren mit Prosecco und Sodawasser auffüllen. In große Gläser füllen und mit den Fruchtspießen garniert servieren.

MEINE IDEE: Deko für die Chill-out-Party

- Verzierte Zahnstocher und Cocktailspieße: Perlen auf die Zahnstocher stecken (sie halten von alleine) und Glitzersteinchen mit einem Tupfen Kleber an einem Ende der Holzspieße fixieren – et voilà!
- Kleine Holzkiste als Servietten- und Besteckhalter: Alte Holzkiste besorgen, z. B. vom Obst- oder Gemüsehändler, von Etiketten befreien, reinigen und mit Acrylfarbe anmalen.
- Chill-out-Teppich: Kleine Baumwollteppiche mit Lieblingsmotiven in der Lieblingsfarbe bestempeln und mit den Teppichen eine kuschelige Chill-out-Atmosphäre kreieren.
- Chill-out-Tischchen: Alte Flaschenholzkiste auf den Kopf stellen und als Tisch für die Party benutzen.

Chic & Lifestyle

♦

In diesem Kapitel habe ich einige Klassiker neu erfunden und anders zubereitet als gewohnt. Hier finden Sie Rezepte, die neugierig machen, und duftende Zutaten, die Ihnen bereits während des Backens das gewisse Etwas vermitteln. Das ist Chic mit einem Hauch Eleganz – und vor allem mit vielen Köstlichkeiten, in intensiven dunklen Farben inszeniert!

Minze blüht im Sommer wunderschön, riecht intensiv und macht viele Speisen sehr aromatisch. Diese Kekse überleben nicht lange in meiner Vorratsdose, denn ihr Geschmack von Schoko, Vanille und Minze zieht einen magisch an.

Schoko-Minz-Kekse
MIT STEMPELMUSTER

FÜR 50–60 KEKSE
320 g Mehl
½ TL Backpulver
1 Prise Salz
1 Ei
2 Eigelb
1 Minzstängel
170 g kalte Butter
120 g brauner Zucker
1–2 EL Minzsirup
Mark von 1 Vanilleschote
3–4 EL Schokoladenraspel zartbitter

Außerdem:
Mehl zum Verarbeiten
Keks-Stempel nach Belieben

Mehl, Backpulver und Salz in einer Schüssel mischen und beiseitestellen. Ei mit Eigelben verquirlen, zur Seite stellen. Minze abbrausen, trocken tupfen und fein hacken. Butter und Zucker mit den Rührbesen des Handrührgeräts schaumig schlagen und mit verquirlten Eiern, Sirup und Vanillemark zur Mehlmischung geben. Daraus mit den Händen rasch einen glatten Teig kneten. Während des Knetens Minze und Schokoladenraspel untermengen und den Teig zu einer Kugel formen. In Frischhaltefolie gewickelt ca. 30 Min. im Kühlschrank ruhen lassen.

Den Backofen auf 180 °C vorheizen, Backblech mit Backpapier auslegen. Teig auf der bemehlten Arbeitsfläche 3–5 mm dick ausrollen, mit einer runden Form Plätzchen ausstechen und diese nach Belieben stempeln. Auf das Backblech legen und 11–13 Min. backen. Herausnehmen und abkühlen lassen.

➤ **MEIN TIPP:** Wer mag, kann die Kekse nach dem Backen in geschmolzene Zartbitterschokolade tauchen ... Schokoladenglück im Doppelpack!

Diese Kokospralinen erinnern mich an Schneekugeln. Weiße Schokolade und Kokosflocken schmecken in Kombination himmlisch. Im Herzen der Praline steckt eine knackige Mandel. Als Mitbringsel kommen die leckeren Pralinen auch immer gut an … wenn sie nicht vorher vernascht werden.

Kokospralinen
MIT WEISSER KUVERTÜRE

FÜR CA. 15 PRALINEN
50 ml Sahne
12 g zimmerwarme Butter
100 g weiße Kuvertüre
65 g Kokosflocken
15 geschälte Mandeln

Außerdem:
40 g Kokosflocken zum Wälzen

Sahne und Butter in einem Topf leicht erwärmen, Kuvertüre darin schmelzen. Vom Herd nehmen, die flüssige Creme in eine Schüssel gießen und sofort die Kokosflocken zufügen. Die Zutaten gut verkneten und ca. 1 Std. kühl stellen.

Aus der Masse gleichmäßige Kugeln formen und jeweils eine Mandel in die Mitte stecken. Die Kokospralinen in den Kokosflocken wälzen und im Kühlschrank aufbewahren.

MEINE IDEE: Hübsche Pralinenschachteln

♥ Sie brauchen: Schachteln aus Karton (z. B. kleine Käseschachteln), Kreidefolie, Kleber, Schere, Kreidestift, Zierband, Tortenspitze

♥ So wird's gemacht: Kreidefolie nach Größe der Schachtel zuschneiden. Folie auf die Schachtel kleben, nach Belieben beschriften und verzieren. Ein Stück Tortenspitze hineinlegen, mit Pralinen füllen. Ebenso mit den weiteren Schachteln und Pralinen verfahren.

Ich achte zu Hause darauf, dass unsere Vorratsdosen immer mit Snacks für zwischendurch gefüllt sind. Die süßen Stangen sind eine gute Alternative zu Keksen und wenn sich zum Kaffee Besuch ankündigt, sehen sie in einer einfachen Upcycling-Blechdose oder selbst gemachten Papiertüte toll aus. In einer verschließbaren Dose bleiben sie tagelang frisch und knusprig.

Süße-Stangen-Duo
MIT ZARTBITTERSCHOKOLADE UND NUSS

FÜR 15 SCHOKO- UND 15 NUSSSTANGEN

Für den Teig:
150 g Mehl
1 Prise Salz
50 g Zucker
75 g kalte Butter, in Stücken

Für die Nussfüllung:
4 EL gemahlene Haselnüsse
3 EL Limettensaft
2 EL brauner Zucker
1 EL Sahne
1 EL Marmelade (z. B. Pflaume)

Für die Schokoladenglasur:
50 g Zartbitterkuvertüre
1 Handvoll Zuckerstreusel nach Belieben

Außerdem:
Mehl zum Verarbeiten

Für den Teig Mehl, Salz und Zucker mischen. Butter zufügen und den Teig krümelig reiben, bis die Masse gleichmäßig fein ist. 4 EL Wasser zufügen, Teig mit bemehlten Händen kneten und rasch zu einer Kugel formen. In Frischhaltefolie wickeln und im Kühlschrank ca. 30 Min. ruhen lassen.

In der Zwischenzeit für die Nussfüllung Haselnüsse, Limettensaft, Zucker, Sahne und Marmelade vermischen. Die Füllung sollte feucht, aber nicht flüssig sein. Den Backofen auf 180 °C vorheizen.

Teig in zwei Portionen teilen und auf der bemehlten Arbeitsfläche je ca. 3 mm dick ausrollen. Für die Stangen, die später mit Schokolade überzogen werden, Teig mit einem Kuchenschneider in 15 ca. 1 cm breite Streifen schneiden. Streifen eindrehen und nebeneinander auf ein mit Backpapier ausgelegtes Blech legen.

Auf den zweiten Teig die Nussfüllung streichen, danach ebenfalls in 15 ca. 1 cm breite Streifen schneiden und eingedreht aufs Blech legen. Ca. 12 Min. knusprig backen. Herausnehmen und abkühlen lassen.

Die Nussstangen sind jetzt bereits fertig. Für die Schokoladenstangen Kuvertüre über dem Wasserbad schmelzen. Stangen in die geschmolzene Kuvertüre tauchen, nach Belieben mit Zuckerstreuseln garnieren und trocknen lassen.

MEINE IDEE: Upcycling-Blechdose und selbst gemachte Papiertüten

- Sie brauchen: Blechdose, Zier- und Spitzenband, Backpapier, DIN-A4-Fotokopien, Schere, Kleber
- So wird's gemacht: Dose auswaschen und trocknen lassen. Mit Zierband umwickeln, etwas Backpapier hineinlegen. Fotokopien zu Quadraten schneiden, zu Tüten falten und mit Kleber befestigen. Mit Spitzenband veredeln.

Verschiedene Füllungen auszuprobieren, ist eine meiner Leidenschaften. Natürlich sind meine Kreationen von der Jahreszeit abhängig, da ich am liebsten Früchte und Gemüse einsetze, die frisch sind. Spaziergänge über Märkte wecken immer wieder meine Begeisterung und bieten die beste Inspiration.

Gefüllte Hefehörnchen
MIT APFELKOMPOTT, HASELNÜSSEN UND INGWER

FÜR 16 HÖRNCHEN

Für den Teig:
300 g Mehl + ggf. etwas mehr
½ TL Salz
3 EL brauner Zucker
60 g zimmerwarme Butter
15 g frische Hefe
100 ml lauwarme Milch
1 Ei

Für die Füllung:
ca. 10 g Ingwer
250 g Apfelkompott (selbst gemacht s. S. 98 oder gekauft)
Mark von 1 Vanilleschote
50 g grob gemahlene Haselnüsse
1 EL brauner Zucker
1 EL Lavendelzucker (selbst gemacht s. S. 12 oder gekauft)
4 EL Aprikosenmarmelade

Außerdem:
Mehl zum Verarbeiten
Vanillepuderzucker (s. S. 12; alternativ Puderzucker) zum Bestäuben

Mehl, Salz und Zucker mischen. Butter zufügen und alles mit den Händen krümelig reiben. Hefe zerbröseln, in der Milch auflösen. Ei leicht verquirlen und zufügen, mit einer Gabel alles gut vermischen, zu der Mehlmischung geben und alles zu einem glatten Teig verarbeiten. Ist er zu klebrig, noch etwas Mehl zufügen. Aus dem Teig eine Kugel formen und abgedeckt an einem warmen Ort ca. 1 Std. gehen lassen. Dann sollte sich die Teigmasse merklich vergrößert haben.

Währenddessen die Füllung vorbereiten. Dafür den Ingwer reiben. Apfelkompott, Vanillemark, Haselnüsse, Zucker, Lavendelzucker und Ingwer vermengen. Die Füllung soll feucht, aber nicht flüssig sein.

Teig halbieren und jede Hälfte 3 mm dick rund auf der bemehlten Arbeitsfläche ausrollen. Darauf je 2 EL Aprikosenmarmelade verstreichen, darüber die Hälfte der Füllung verteilen. Die Kreise mit einem scharfen Messer vierteln, dann die Viertel noch einmal halbieren, sodass pro Kreis acht Stücke entstehen.

Von der breiten Seite aufrollen und zu Hörnchen formen, Ecken dabei ein wenig zusammendrücken. Die ersten acht Stück mit den Spitzen nach unten auf ein mit Backpapier ausgelegtes Blech legen, in den kalten Backofen schieben und bei 220 °C ca. 15 Min. goldbraun backen. Herausnehmen, auf dem Kuchengitter abkühlen lassen und vor dem Servieren mit Vanillepuderzucker bestäuben. Restliche Hörnchen im jetzt heißen Ofen ca. 10 Min. backen. Frisch schmecken sie am köstlichsten.

➥ **MEIN TIPP:** Wenn Sie die Hefehörnchen als Häppchen zu Kaffee oder Tee anbieten möchten, dann schneiden Sie sie einfach in Stücke und stecken Zahnstocher hinein.

Diese Miniküchlein sind für mich ein kleines, feines Fest für Augen und Gaumen. Ich liebe alles, was klein ist, denn klein wirkt grazil. Das lauwarme, süßsäuerliche Aprikosenkompott und der sanfte Geschmack des Joghurts machen aus den mundgerechten, locker-leichten Häppchen ein köstliches Vergnügen.

Mohn-Joghurt-Leckerbissen
AUF APRIKOSENKOMPOTT

FÜR 16–18 KÜCHLEIN

Für den Teig:
30 g zimmerwarme Butter
30 g Zucker
1 Ei
30 g Mehl
½ TL Backpulver
2 EL Naturjoghurt
1 EL Mohn

Für das Kompott:
5 frische Aprikosen (alternativ 10 TK-Aprikosenhälften)
2 EL brauner Zucker
1 Pck. Vanillezucker
2 cl Obstbrand (z. B. Aprikose)

Außerdem:
Butter für die Formen
Puderzucker zum Bestäuben

Für den Teig Butter, Zucker und Ei schaumig rühren. Mehl und Backpulver mischen, sieben, zufügen und rühren, bis die Masse hell ist. Joghurt und Mohn unterheben, Teig mit Frischhaltefolie abdecken und im Kühlschrank ca. 1 Std. ruhen lassen, so werden die Leckerbissen beim Backen schön locker und luftig.

Den Backofen auf 180 °C vorheizen. Butter zerlassen und die kleinen Förmchen damit bepinseln, zu ⅔ mit Teig füllen, auf ein Backblech stellen und 15 Min. goldgelb backen. Herausnehmen, abkühlen lassen und anschließend aus den Förmchen stürzen.

Für das Kompott Aprikosen waschen, halbieren, Steine entfernen und das Fruchtfleisch würfeln. (TK-Aprikosen etwas antauen lassen und würfeln.) Zucker, Vanillezucker und 1 EL Wasser in einem Topf bei mittlerer Hitze karamellisieren lassen, mit Obstbrand ablöschen. Aprikosenstücke zufügen und ca. 10 Min. köcheln lassen, ab und zu rühren.

Kompott auf asiatische Löffel verteilen, einen Mohn-Joghurt-Leckerbissen daraufsetzen und mit Puderzucker bestäuben. Die Leckerbissen schmecken auf lauwarmem Aprikosenkompottbett am besten.

Als Kind waren Löffelbiskuits für mich ein langweiliges Gebäck. Bei Verwandten gab es oft diese etwas trockene Süßigkeit. Heute begeistern sie mich, da sie so vielfältig verwendbar sind. Löffelbiskuits schmecken nicht nur lecker als Garnitur für Torten und Kuchen, sondern verzieren das Gebäck auch hübsch. In der folgenden Variante überzeugen sie absolut.

Löffelbiskuit-Doppelkekse
MIT ERDNUSSCREME

FÜR CA. 16 DOPPELKEKSE

Für die Biskuits:
3 Eier
3 EL Milch
180 g brauner Zucker
1 Pck. Vanillezucker
200 g Mehl

Für die Füllung:
150 g Aprikosenmarmelade
150 g Erdnusscreme mit Stückchen

Außerdem:
brauner Rohrzucker zum Bestreuen
Zierband nach Belieben

Den Backofen auf 200 °C vorheizen. Eier, Milch, Zucker und Vanillezucker mehrere Min. mit den Rührbesen des Handrührgeräts cremig rühren, bis die Masse sehr hell ist. Mehl sieben und sorgfältig unterheben. Den Teig in einen Spritzbeutel mit Lochtülle füllen und auf das mit Backpapier ausgelegte Blech spritzen, sodass Streifen von ca. 8 x 2 cm Länge entstehen. Achten Sie auf genügend Abstand, da die Biskuits beim Backen aufgehen. Großzügig mit Rohrzucker bestreuen und im heißen Ofen 7–9 Min. hell backen. Herausnehmen und abkühlen lassen.

Alle Biskuits auf einer Seite mit je ½ TL Marmelade bestreichen, auf die Hälfte der Biskuits zusätzlich je 1 großzügigen TL Erdnusscreme streichen. Die anderen Hälften daraufsetzen, sodass ein kleines Sandwich mit Marmeladen-Erdnuss-Füllung entsteht. Nach Belieben mit Zierband umwickeln.

Mein Mann fragt mich manchmal: „Wann gibt es wieder einen männlichen Kuchen?" Damit meint er diesen köstlichen Rührkuchen mit Whisky und Walnüssen. Aber Frauen aufgepasst, nicht nur Männer finden den Whisky-Cake köstlich. Deshalb unbedingt probieren!

Whiskykuchen
MIT WALNÜSSEN

FÜR 1 KASTENFORM (CA. 25 CM)
125 g zimmerwarme Butter
3 Eier
125 g brauner Zucker
1 Prise Salz
1 Pck. Vanillezucker
100 ml Milch
1 starker Espresso
2 cl Scotch Whisky
250 g Mehl
1 EL Backpulver
3 EL Walnüsse

Außerdem:
Butter für die Form
170 g Zartbitterkuvertüre zum Bestreichen
Holzspieß
1 cl Scotch Whisky

Butter mit den Rührbesen des Handrührgeräts rühren, bis sich Spitzen bilden. Eier, Zucker, Salz und Vanillezucker zufügen und rühren, bis die Masse hell ist. Milch, Espresso und Whisky mischen und zufügen. Mehl und Backpulver mischen, sieben, löffelweise zufügen und gründlich verrühren.

Den Backofen auf 180 °C vorheizen, Form einfetten. Walnüsse grob hacken oder mit den Händen brechen und sorgfältig unter die Teigmasse heben. Teig in die Form füllen und ca. 1 Std. backen. Die Stäbchenprobe zeigt, ob der Kuchen durchgebacken ist. Herausnehmen, abkühlen lassen und aus der Form nehmen.

Kuvertüre hacken und über dem Wasserbad schmelzen. Inzwischen mit einem Holzspieß einige Löcher in den Kuchen stechen. In jedes Loch 2–3 TL Whisky träufeln und den Kuchen mit der geschmolzenen Kuvertüre überziehen.

➤ **MEINE TIPPS:** Statt Walnüssen können Sie auch Pekannüsse verwenden, die im Geschmack weniger dominant sind. Wenn Sie einen etwas intensiveren, erdigeren Geschmack mögen oder für eine Männerrunde backen, können Sie auch eine rauchige Whiskysorte verwenden.

MEINE IDEE: Stoffeinband für Lieblingsstücke

♥ Sie brauchen: Stoffreste, Schere, Notizheft, Kleber, Schnur, Zierband, Knöpfe und Co. zum Verzieren

♥ So wird's gemacht: Stoff anhand der Objekte, die Sie einfassen wollen (z. B. Notizheft), ausmessen und mit einer Schere zuschneiden. Objekt einfassen und den Stoff mit Kleber befestigen. Den neuen Schatz mit Schnur, Zierband, Knöpfen und vielem mehr verzieren – und ihm so eine ganz persönliche Note verleihen.

Im Sommer lieben wir es, in unserer Gartenküche zu kochen und zu backen. Obwohl dort auch ein kleiner Backofen steht, lassen sich einige Backwerke wunderbar auf dem Grill backen. Irgendwie schmeckt das Gebäck dann anders, nämlich noch besser. Vielleicht spürt man die wichtigste Zutat? Die Lebensfreude, die unter freiem Himmel so richtig ausgelebt werden kann.

Blaubeer-Schoko-Brötchen
VOM GRILL

FÜR CA. 10 BRÖTCHEN
Für den Vorteig:
40 g frische Hefe
250 ml lauwarme Milch
1 Prise Zucker
50 g Mehl

Für den Teig:
1 Ei
450 g Mehl
80 g brauner Zucker
½ TL Salz
70 g zimmerwarme Butter,
in Stücken
100 g Zartbitterschokolade
100 g frische Blaubeeren
(alternativ TK-Beeren)

Außerdem:
Mehl zum Verarbeiten
1 Eigelb oder etwas Sahne zum Bestreichen

Für den Vorteig Hefe zerbröseln, in der Milch auflösen, Zucker und Mehl zufügen und gut verrühren. Vorteig abgedeckt an einem warmen Ort ca. 30 Min. gehen lassen. Für den Teig Ei leicht verquirlen, gemeinsam mit Mehl, Zucker, Salz und Butter mit dem Vorteig vermengen, mit bemehlten Händen gut verkneten und weitere 30 Min. an einem warmen Ort gehen lassen.

Schokolade hacken und zufügen. Teig kurz kneten, damit sich die Schokolade gleichmäßig verteilt. Blaubeeren vorsichtig unter den fertigen Hefeteig heben (nicht zu fest drücken und kneten, die Beeren sollten unversehrt bleiben) und aus dem Teig mit bemehlten Händen Brötchen formen. Diese erneut ca. 15 Min. gehen lassen.

In der Zwischenzeit den Kugelgrill vorheizen, bis er 200 °C erreicht, und ein gelochtes Backblech mit Backpapier auslegen. Brötchen mit Eigelb oder Sahne bestreichen und auf das Blech setzen. Auf den Grillrost stellen, Deckel schließen und 20–25 Min. backen. Nach 5 Min. Backzeit das Backpapier herausziehen.

➜ **MEIN TIPP:** Wenn Sie keinen Kugelgrill besitzen oder Sie die Brötchen im Winter backen möchten, können Sie diese selbstverständlich auch im Backofen backen. Im vorgeheizten Ofen bei 220 °C dauert dies 15–20 Min., dann sind sie goldbraun und schön knusprig.

Fröhliches Beisammensein unter freiem Himmel nenne ich „Sommerwohnen" – einfach fantastisch! Liebe Gäste, erfrischende Getränke und frisch Gebackenes aus dem Ofen machen solche Treffen perfekt. Windbeutel schmecken nicht nur süß, sondern auch herzhaft wunderbar. Welche Füllung die leckerste ist, müssen Sie selbst herausfinden, hier meine Lieblingsvariante.

Kleine Windbeutel
MIT THUNFISCHMOUSSE

FÜR 30–40 WINDBEUTEL

Für den Teig:
60 g Butter
1 Prise Salz
250 ml lauwarmes Wasser
125 g Mehl
2–3 Eier (Größe M)

Für die Mousse:
ca. 300 g Rosa Thunfisch in Salzwasser (Dose), aus nachhaltiger Fischerei
140 g hochwertige Mayonnaise
1 TL Limettensaft
1 Prise Kräutersalz
Pfeffer aus der Mühle
3 Minzstängel

In einem Topf Butter, Salz und Wasser zum Kochen bringen. Den Topf vom Herd nehmen und das Mehl sofort zufügen; mit dem Schneebesen vorsichtig unterheben, dann kräftig vermengen. Den Teig bei mittlerer Hitze unter ständigem Rühren erhitzen, bis sich der Teig als Kloß vom Topfrand löst. Weitere 1–2 Min. rühren, bis auf dem Topfboden eine weiße Schicht entsteht (das nennt sich „abgebrannt" und ist wichtig, damit das Gebäck gelingt, deshalb den Topf nicht zu früh vom Herd nehmen). In eine Schüssel geben und abkühlen lassen.

Den Backofen auf 180 °C vorheizen. Eier verquirlen, ein Ei nach dem anderen zum Teig geben und untermengen, bis er geschmeidig ist. Er darf weder zu fest noch zu weich werden, deshalb spielt die Eigröße eine entscheidende Rolle. (Letztes Ei eventuell nur teilweise zufügen. Ist der Teig immer noch zu trocken, einen weiteren Teil zufügen.) Wichtig: Der Teig muss lange gerührt werden.

Kleine Teighäufchen auf ein mit Backpapier ausgelegtes Blech setzen. Achten Sie auf einen ausreichenden Abstand, da sie stark aufgehen. 20–25 Min. goldgelb backen. Achtung, während der ersten 15 Min. die Ofentür nicht öffnen, da das Gebäck sonst zusammenfällt. Herausnehmen, sofort aufschneiden und auf einem Kuchengitter abkühlen lassen.

Abgetropften Thunfisch, Mayonnaise, Limettensaft, Salz und Pfeffer pürieren. Minze abbrausen, trocken tupfen und fein hacken, ca. ⅓ zur Seite legen und den Rest unterheben. Ca. 30 Min. kalt stellen. Mousse in die Windbeutel füllen, mit beiseitegelegter Minze bestreuen.

Pizza ist eines der bekanntesten Nationalgerichte Italiens. Doch Pizza ist nicht gleich Pizza. Es gibt zusammengeklappte Pizzas (Calzone), frittierte Pizzas, runde Pizzas, große Pizzas vom Blech … und meine gerollten Pizzas.

Pizzaschnecken
AUF MEDITERRANE ART

FÜR CA. 8 SCHNECKEN
Für den Teig:
500 g Mehl
1 EL Zucker
2 TL Salz
20 g frische Hefe
300 ml lauwarmes Wasser
1 EL Olivenöl

Für den Belag:
150 ml stückige Tomaten (Dose)
1 EL Olivenöl
1 EL getrockneter Oregano
50 g schwarze Oliven ohne Kern
100 g Mozzarella
50 g Schinkenwürfel
Pfeffer aus der Mühle

Außerdem:
Mehl zum Verarbeiten und Bestäuben
frische Kräuter zum Garnieren

Mehl, Zucker und Salz in einer Schüssel mischen, in der Mitte eine Mulde formen. Hefe zerbröseln und in dem Wasser auflösen, Öl zufügen, dann alles in die Mulde geben. Alle Zutaten ausgiebig verkneten, bis der Teig glatt und geschmeidig ist. Abgedeckt an einem warmen Ort ca. 1 ½ Std. gehen lassen. In der Zwischenzeit den Belag vorbereiten. Gehackte Tomaten mit Olivenöl und Oregano mischen und beiseitestellen. Oliven in Scheiben schneiden, Mozzarella würfeln.

Den Backofen auf 220 °C vorheizen, Backblech mit Backpapier auslegen. Teig aus der Schüssel nehmen, auf der bemehlten Arbeitsfläche ein Rechteck (ca. 35 x 50 cm) ausrollen. Die Tomatensoße gleichmäßig darauf verteilen. Pizza mit Schinken, Oliven und Mozzarella belegen, anschließend etwas pfeffern.

Den Teig eng zusammenrollen, mit einem scharfen Messer in ca. acht gleich große, ca. 5 cm breite Stücke schneiden, die Schnecken mit nassen Händen zusammendrücken und auf das Blech legen. Im heißen Ofen 20–25 Min. knusprig backen. Herausnehmen, mit etwas Mehl bestäuben, mit frischen Kräutern garnieren und noch warm genießen.

➺ **MEIN TIPP:** Pizzaschnecken, die etwas kleiner gebacken werden, passen hervorragend zum Aperitif. Dann muss die Backzeit reduziert werden.

Ich habe Lemon Curd zum ersten Mal als Brotaufstrich in England probiert und es war Liebe auf den ersten Geschmack. Die Briten verfeinern mit der aromatischen zitronengelben Creme gerne Kuchen und vieles mehr. Einfach köstlich!

Lemon-Curd-Creme
ALS EDLES DESSERT

FÜR 3–4 PORTIONEN
150 ml Sahne
150 g Naturjoghurt
100 g Sahnequark
Abrieb von 1 Bio-Zitrone
4 EL Lemon Curd (Fertigprodukt)

Außerdem:
½ Zitrone zum Garnieren
2 EL Lemon Curd (Fertigprodukt)
Mandelkrokant (s. S. 35)
zum Servieren

Sahne steif schlagen und beiseitestellen. Naturjoghurt, Sahnequark und Zitronenabrieb verrühren, Lemon Curd zufügen und unterrühren. Sahne sorgfältig unterheben und die Creme mind. 2 Std. im Kühlschrank kalt stellen.

Zitrone in Scheiben schneiden. Creme in Schälchen oder Gläser füllen und pro Portion ½ EL Lemon Curd untermischen, sodass Spuren der schönen gelben Farbe an der Oberfläche sichtbar sind. Mit Zitronenscheiben garnieren und mit Mandelkrokant genießen.

MEINE IDEE: Schicke Schwarz-Weiß-Deko

♥ Kerzenständer mit Glastropfen: Eine passende Dekoration braucht oft nicht viel Aufwand. Ein trendiger Kerzenständer in Schwarz wirkt mit einer weißen Stumpenkerze, einem Stück Schnur und einem Glastropfen sofort schick und besonders.

♥ Etiketten im Vintage-Look: Mit einem Prägegerät lassen sich im Nu Etiketten im Vintage-Look ausdrucken. Ihre Gäste werden sich über die hübsche Botschaft am Dessertschälchen freuen.

Kopiervorlagen

(Auch zum Download auf www.lisalibelle.com)

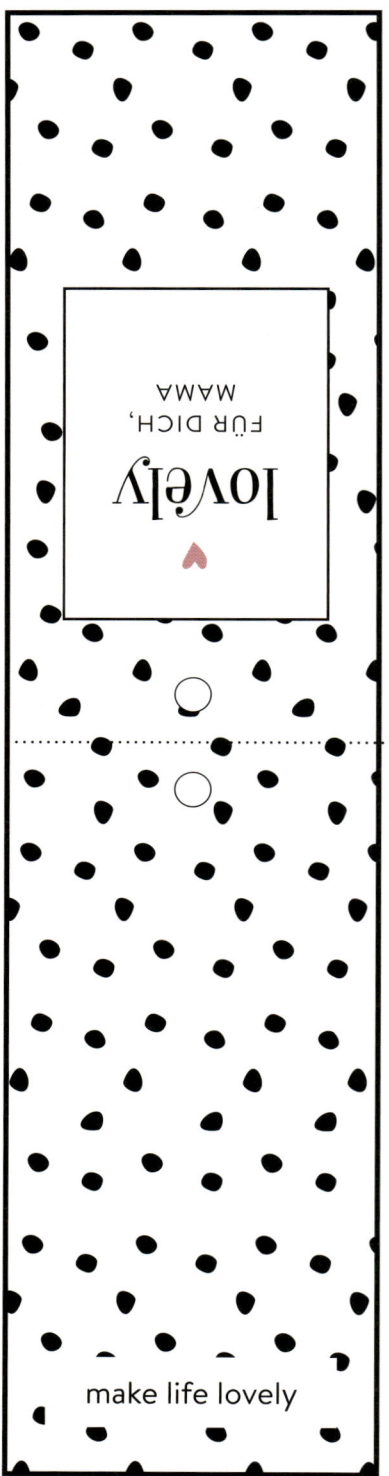

Einladung

IT'S TEA TIME

REGISTER

A
Affogato al caffè 15
Alkohol 20, 24, 27, 44, 76, 110, 113, 117, 120, 124, 140, 163, 174, 178
Amaretto 24, 76
Amaretti 24
Ananasbiskuitrolle 52
Annalisas Lieblingskuchen 124
Apfel 87, 97, 98, 143, 173
Apfelkompott 98
Apfelrosen 97
Aprikose 75, 173, 174, 177
Aprikosenkompott 174
Aromaöl 39
Aromazucker 8, 12
Avocadomousse 40

B
Baiser 32, 56, 59, 68, 71, 76, 83, 113, 124
Baisertorte
   Holunder-Birnen- 68
   „Traum in Weiß" 83
Baisertuffs 56
Beeren 32, 63, 79, 93, 102, 109, 114, 124, 136, 144, 181
Birne 68
Blätterteig 16, 27, 97, 135, 143, 40
Blätterteighörnchen, Kleine 40
Blaubeer-Schoko-Brötchen 181
Brandy 27
Breakfast-Surprise 131
Brioche 72
Brot 84, 87, 151, 160
Brunch 131, 132, 135
Butterkekse 19

C
Cachaça 163
Campari-Herztorte 124
Cantucci 15
Cantuccini, Blonde 80
Cappuccinoschokolade 128
Caramel-Cupcakes 155
Chiffon Cake 139

Chili 51, 156
Chill-out-Party 156, 159, 160, 163
Ciambella 39
Clotted Cream 148
Cornets, Gefüllte 27
Cracker 156
Cranberrys 135
Crostata alla crema 76
Cupcakes 140, 155

D
Danke-Mama-Kuchen 136

E
Ei, 3-Minuten- 131
Eis 15, 20, 109, 110
Erdbeeren 63, 93, 102, 136, 144
Erdbeer-Rhabarber-Marmelade 102
Erdnusscreme 177
Espresso 15, 178

F
Feigen-Tartelettes 16
Feta 39, 156
Feta-Würfel 156
Fladenbrot 160
Frischkäse 16, 40, 140, 159

G
Ganache, Weiße 56
Gewürzblüten 139
Grapefruit 94
Gugelhupf 51, 67, 71, 101, 139
Gurkensandwiches 147

H
Haselnüsse 27, 60, 75, 127, 128, 135, 170, 173
Haselnussschokolade 128
Hefe-Gugelhupf 67
Hefehörnchen, Gefüllte 173
Hefeteig 8
Herztorte, Campari- 124
Himbeeren 79, 114, 124
Himbeermousse 79
Himbeer-Rosmarin-Creme 114
Holunder-Birnen-Baisertorte 68
Holunderblüten 71

Holundersirup 68, 71
Honig 16, 67, 131, 143, 151

I
Ingwer 55, 173
Irmas Chriesichueche 64

J
Joghurt 19, 68, 71, 109, 114, 123, 174, 186
Joghurt-Beeren-Eis 109
Johannisbeer-Rhabarber-Pies 144

K
Kaffee 27, 127, 128
Kaffeecreme 27
Kandierte Limette 47
Kakaopulver 44
Karamellbonbons 155
Karneval 120
Kekse 19, 32, 75, 106, 152, 166, 177
Kirschkuchen 64
Kirschwasser 44, 117
Kokos 19, 23, 48, 101, 169
Kokos-Madeleines 48
Kokosmilch 23
Kokospralinen 169
Kräuter 39, 40, 84, 156
Kräuter-Landbrötchen im Tontopf 84
Krokant 27, 35, 60, 109, 186
Kuchen 31, 44, 47, 51, 64, 67, 68, 76, 123, 135, 136, 139, 178

L
Lachssandwiches 147
Landhochzeit 139, 140
Lavendel 12, 113, 117, 139, 173
Lavendel-Gebäck 117
Lavendelzucker 12
Le chiacchiere 120
Lemon-Curd-Cookies 152
Lemon-Curd-Creme 186
Lieblingskuchen, Annalisas 124
Likörwein 120
Lime-Lemon-Cake 47
Limonade, Rosé 94
Löffelbiskuit-Doppelkekse 177
Löffel-Cakes 127

Löffelparty 127, 128
Löffel-Trinkschokoladen 128
Lolli-Schnecken 63
Love-Cake 123
Lovely picnic 143, 144

M
Macadamianüsse 15
Macarons, Exotische 55
Mandarine 59
Mandelkrokant 35
Mandeln 9, 24, 31, 35, 44, 47, 51, 55, 59, 64, 67, 75, 76, 80, 109, 152, 155, 169, 186
Maronen, Glasierte 20
Maronenparfait 20
Marsala 120
Marzipan 48, 75
Marzipanperlen 48
Mascarpone 56, 79, 90, 124, 148
Mascarponecreme 90
Mayonnaise 147, 182
Melone 110, 163
Mini-Gugelhupfe 101
Mini-Puddinggugelhupfe 71
Minzcreme 19
Minze 19, 94, 113, 163, 166, 182
Mohn 16, 136, 174
Mohn-Joghurt-Leckerbissen 174
Möhrenküchlein im Glas 31
Mousse 40, 79, 182
Mürbeteig 8
Muttertag 136

N
Nudelteig 159
Nuss 9, 15, 24, 31, 35, 44, 47, 51, 55, 59, 60, 64, 67, 75, 76, 80, 127, 128, 135, 151, 152, 155, 169, 170, 173, 177, 178, 186
Nussplätzchen 75
Nussstangen 170

O
Obstbrand 174
Ofenküchlein, Luftige 79
Orange 12, 51, 55, 75, 113, 163
Orangencreme 51
Orangenlikör 163
Orangenzucker 12

Osterbrunch 131, 132, 135
Osterhase, Pikanter 132
Ostern 131, 132, 135

P
Pancakes 131
Pasta-Blumen, Lauwarme 159
Pfirsich 83
Picknick 143, 144
Pinienkerne 68
Pistazien 60, 128
Pita-Chips 156
Pizzateig 185
Pizzaschnecken 185
Portwein 20
Prosecco-Bowle 163
Prosecco-Cupcakes 140
Pudding 71, 93, 114
Puddingtorte 93

R
Reisfladen 135
Rhabarber 93, 63, 102, 144
Ricotta 60, 159
Ricottaröhrchen 60
Rosalin Schokokuchen 44
Rosen 12, 36, 101, 102, 105, 106, 109, 110
Rosensirup 105
Rosenwasser 36, 101
Rosenzucker 12
Rosmarin 114, 143, 156
Rührteig 8
Rustico-Toastbrot 87

S
Salzbrezeln, Zuckersüße 28
Sandwiches 151
Sausage Rolls 143
Schmelzbrötli 59
Schoko-Baiser-Kekse 32
Schokobohnen 127, 128
Schoko-Chili-Küchlein 51
Schokolade 15, 20, 27, 28, 32, 44, 48, 51, 56, 124, 127, 128, 166, 169, 170, 178, 181
Schoko-Minz-Kekse 166
Schokostangen 170
Scones 148
Sekt 110

Sesam 87, 160
Shortbread 106
Sirup 105
Springerle 117
Stachelbeer-Tiramisu 113
Stracciatella-Macadamia-Cantucci 15
Süße-Stangen-Duo 170

T
Teabread 151
Teaparty 147, 148, 151, 152, 155
Thunfischmousse 182
Toastbrot 87
Torte 68, 83, 93, 124
Trinkschokolade 128

V
Valentinstag 123, 124
Vanille 12, 15, 27, 52, 56, 83, 93, 98, 109, 113, 114, 124, 127, 135, 148, 155, 166, 173
Vanillebrandycreme 27
Vanillepudding 114
Vanillezucker 12
Vintage-Teaparty 147, 148, 151, 152, 155
Vol-au-vents 90

W
Waffelherzen 124
Walnüsse 178
Warme Kokosmilch 23
Wassermelonengranita 110
Whisky 178
Whiskykuchen 178
Windbeutel, Kleine 182

Z
Zimt 12, 64, 97, 128
Zimtzucker 12
Zitrone 12, 47, 71, 94, 102, 105, 135, 140, 152, 159, 186
Zitronenfrischkäse 159
Zitronenzucker 12
Zuckerherzen 36
Zuckerstreusel 28, 124, 170
Zwieback 93

ALPHABETISCHE ÜBERSICHT DER DIY-TIPPS
„Meine Idee"

Bemalte Holzlöffel	110
Bijoux-Box	56
Blumensträußchen in der Zuckerdose	136
Breakfast-Surprise	131
Bunte Tischläufer	19
Cantucci-Geschenkverpackung	15
Cornet-Halter	27
Deko für die Chill-out-Party	136
Eiswürfel mit Rosen- und Minzblättern	94
Espressotassen im festlichen Kleid	140
Feine Amaretti-Verpackung	24
Flaschen und Gläser mit Spitze	52
Hübsche Pralinenschachteln	169
Jeckes Mitbringsel	120
Kandierte Rosen	93
Kleine Brombeer-Blumensträußchen	90
Rosen-Deko für Krug und Gläser	94
Rosensirup in Rot-Weiß	105
Salzbrezeln als Mitbringsel	28
Schicke Schwarz-Weiß-Deko	186
Schildchen im Frühlingslook	132
Schnelle Frühlingsdeko	67
„Schokoladenhimmel"-Teelicht	44
Serviettenringe	60
Stoffeinband für Lieblingsstücke	178
Stoff-Wimpelkette	109
Upcycling-Blechdose und selbst gemachte Papiertüten	170
Zuckerverzierung	36

ANNALISA COLAIANNI EVANGELISTI, bekannt als LISA LIBELLE, liebt es, Gäste einzuladen und zu bewirten. Mit viel Fröhlichkeit und Liebe zum Detail backt sie raffinierte und unkomplizierte Glücklichmacher und entwickelt dazu individuelle Bastel- und Dekoideen – denn das Auge isst schließlich mit! In ihren Büchern und auf ihrer Homepage *www.lisalibelle.ch* und ihrem Blog *www.lisalibelle.com* kann sie ihre Begeisterung für Backen, Kochen und Dekorieren optimal mit ihrer weiteren Leidenschaft, dem Fotografieren, verbinden. Dies alles unter dem Motto: *make life lovely!*

5 4 3 2 1 20 19 18 17 16
978-3-88117-997-3

Text: Annalisa Colaianni Evangelisti, www.lisalibelle.com
Fotos: Annalisa Colaianni Evangelisti, außer Umschlagfoto vorne rechts und Fotos auf S. 4, 6, 65, 88, 111, 130 (oben rechts), 133 und 142 (unten rechts): Andreas Evangelisti
Covergestaltung, Layout und Satz: Stefanie Wawer, Münster
Redaktion: Kathrin Nick
Litho: FSM Premedia GmbH und Co. KG, Münster

© 2016 Hölker Verlag im Coppenrath Verlag GmbH und Co. KG,
Hafenweg 30, 48155 Münster, Germany
Alle Rechte vorbehalten, auch auszugsweise

www.hoelker-verlag.de